D1869215

hänssler

Reinhold Ruthe

Pfeffer & Salz

Unterschiede würzen die Partnerschaft

Reinhold Ruthe wurde 1927 in Löhne (Westfalen) geboren.
Studium am Seminar für Evangelische Jugendführung in Kassel. Verheiratet, eine Tochter. Generalsekretär des CVJM in Hamburg. Dort gründete er die erste deutsche Eheschule, die in Verbindung mit Ärzten, Psychologen, Biologen, Hauswirtschaftslehrern und Theologen junge Menschen auf die Ehe vorbereitete.
Daneben unterrichtete er das Fach Religion an einem Privatgymnasium. Nach einer Ausbildung zum Eheberater am Zentralinstitut für Ehe- und Familienfragen in Berlin und einer Ausbildung zum Psychotherapeuten für Kinder und Jugendliche leitete er bis 1990 die Evangelische Familienberatungsstelle des Kirchenkreises Elberfeld. Er war 15 Jahre lang Dozent für Psychologie und Pädagogik an zwei staatlichen Fachschulen. 1986 gründete er mit Frau und Tochter das Magnus-Felsenstein-Institut für beratende und therapeutische Seelsorge. Diese Arbeit beendete er 1999. Er schrieb bisher ca. 70 Bücher über Fragen der Sexualpädagogik, Theologie, Ehe- und Familienberatung.

Hänssler-Paperback
Bestell-Nr. 394.466
ISBN 3-7751-4466-8

Internet: www.haenssler.de
E-Mail: info@haenssler.de
Umschlaggestaltung: Jens Vogelsang, Aachen
Titelbilder: CORBIS, Düsseldorf (»Lachendes Paar«),
Getty Images, München (»Salz&Pfeffer«)
Satz: Vaihinger Satz & Druck, Vaihingen/Enz
Druck und Bindung: Ebner & Spiegel, Ulm
Printed in Germany

ecpa International Member of the Evangelical Christian Publishers Association

INHALT

VORWORT

In den letzten Jahren wurde der Markt mit Büchern überschwemmt, die die Unterschiede von Männern und Frauen herausstellen:
»Männer sind vom Mars, Frauen von der Venus«;
»Warum Männer nicht zuhören und Frauen nicht einparken können«;
»Warum Männer lügen und Frauen Schuhe kaufen«;
»Männer sind wie Waffeln, Frauen wie Spaghetti«;
»Männer lieben anders, Frauen auch«.

Es wimmelt von Klischees und simplen Verallgemeinerungen. Die Simplifizierungen kommen an, aber konstruktive Hilfen kommen zu kurz. Das Benennen der Unterschiede ist wichtig. Aber wichtiger ist es,

- wie Missverständnisse und Misstrauen abgebaut werden,
- wie Gegensätze sich in wertvolle Ergänzungen umwandeln,
- wie Paare lernen einzulenken statt auszurasten.

Noch vor der Jahrtausendwende hörte sich alles anders an. Bücher machten die Runde:
»Der kleine Unterschied«;
»Alles Sache der Erziehung«;
»Jungen weinen, Mädchen spielen Fußball«.
Soziologen und Psychologen waren der festen Meinung:
»Wenn Mädchen nicht wie Mädchen und Jungen nicht wie Jungen erzogen werden, sind die Unterschiede minimal.«

Frauen und Männer liefen mit langen Haaren herum, trugen gleiche Kleidung, und der Beobachter hatte es schwer, Männer und Frauen auseinander zu halten.

Heute werden Frauen und Männer polarisiert.
Heute werden Frauen und Männer völlig gegensätzlich dargestellt.
Heute werden Frauen und Männer schnell in Schubladen gesteckt.
Schon die Titel verraten die Etiketten, die Frauen und Männern angeheftet werden.

Suchen wir *Entschuldigungen* für die vielen Ehescheidungen?

Suchen wir *Ausreden* für die Konflikte im Zusammenleben?
Auch auf dem Gebiet von Ehe und Partnerschaft jammern wir auf hohem Niveau. Ist es nicht ein Wunder,

- dass mehr als die Hälfte aller Ehebeziehungen positiv verlaufen?
- dass mehr als 50 Prozent aller Ehepaare treu zusammenhalten und die viel beschworenen Unterschiede meistern?

Es ist keine Frage: Die Unterschiede sind in Gottes Schöpfung programmiert. Frauen und Männer sind verschieden und spiegeln ein Schlüssel-Schloss-Verhältnis wider. Sie ergänzen und bereichern sich.
Frauen und Männer sind verschieden und können Einstellungs- und Umgangsmuster trainieren, die Harmonie und Zufriedenheit garantieren.

Die Unterschiede hat Gott ganz sicher gewollt.
»Gott schuf den Menschen zu seinem Bilde, zum Bilde Gottes schuf er ihn; und schuf sie als Mann und Frau« (1. Mose 1,27).
Gott wollte die Ergänzung.
Gott wollte die Verschiedenheit.
Gott wollte kein Ungleichgewicht.
Gott wollte keine unüberbrückbaren Gegensätze, denn er sagte, als er den Menschen schuf:
»Es ist nicht gut, dass der Mensch allein sei; ich will ihm eine Gehilfin machen, die um ihn sei« (1. Mose 2,18).
Ehe *ist* Partnerschaft.
Ehe *ist* Gefährtenschaft.
Ehe *ist* Gemeinschaft.
Ehe *ist* Kooperation.
Ehe ist und bleibt eine Aufgabe zu zweit. Beide passen zusammen,
… wenn sie ehrlich wollen,
… wenn sie die Ergänzung schätzen,
… wenn sie sich gegenseitig bereichern und unterstützen,
… wenn sie rückhaltlos füreinander einstehen und an ihre Beziehung glauben.
Als Eheberater, der über 25 Jahre Seelsorge und Beratung praktiziert hat, kann ich bestätigen:

- Ungünstige Muster des Zusammenlebens können reflektiert und verlernt werden.
- Positive Kooperationsmethoden können beide Partner erlernen und trainieren.
- Mit Gottes Hilfe verbessern beide ihre Beziehungskompetenz.

KAPITEL 1

GEGENSÄTZE ODER ERGÄNZUNGEN?

In vielen Ehen werden Unterschiede zu Gegensätzen hochstilisiert. Was beide Partner einmal anziehend fanden, wird im Laufe der Ehe zur Provokation.

Unterschiede, die den Blick weiten,
Unterschiede, die den Reichtum der Beziehung erhöhen,
Unterschiede, die die gemeinsame Erfahrung bereichern,
werden zu ernsthaften Störungen und stellen die Beziehung in Frage.

Frauen und Männer sind unterschiedlich

Nachdem in den 70er und 80er Jahren mehr oder weniger das Gegenteil behauptet wurde, ist der Tenor vieler Bücher der Gegenwart: Frauen und Männer sind unterschiedlich. Die Bestsellerautoren Allan und Barbara Pease stellen unmissverständlich fest:

»Frauen und Männer sind unterschiedlich. Nicht besser oder schlechter, sondern unterschiedlich. Wissenschaftler, Anthropologen und Soziologen wissen das seit Jahren. (…) In der heutigen Gesellschaft will man mit aller Macht daran glauben, dass Frauen und Männer genau die gleichen Fähigkeiten, Talente und Potenziale haben, und das ironischerweise zu einem Zeitpunkt, da Wissenschaftler die meisten unwiderlegbaren Beweise dafür gefunden haben, dass genau das Gegenteil der Fall ist.« [1]

Das Ehepaar greift diese Befunde auf und sagt über Frauen und Männer:

- Beide haben keine nennenswerte Gemeinsamkeiten;
- beide leben in unterschiedlichen Welten;
- beide haben unterschiedliche Wertvorstellungen;
- beide gehorchen anderen Gesetzmäßigkeiten;
- beide Geschlechter haben sich unterschiedlich entwickelt, weil sie sonst nicht überlebt hätten;
- beide entwickelten im Laufe von Jahrmillionen unterschiedliche Körper und unterschiedliche Gehirne;
- beide verarbeiten Informationen unterschiedlich, denken unter-

schiedlich und haben unterschiedliche Überzeugungen, Wahrnehmungen und Verhaltensweisen;
- beide kommen – seit 1990 behaupten es Wissenschaftler – mit »vorprogrammierter Gehirn-Software« auf die Welt;
- beide ähneln den Tieren, denn 96 Prozent von dem, was sie haben, findet sich auch im Körper des Pferdes oder des Schweins.

Was sollen diese Unterschiede demonstrieren?
- Dass Männer und Frauen fast unmöglich glücklich zusammenleben können?
- Dass Scheidungen bei Frauen und Männern mehr als selbstverständlich sind?
- Dass Auseinandersetzungen, Konflikte und Machtkämpfe evolutionsbiologisch vorprogrammiert sind?

Niemand *muss* – von Ausnahmen abgesehen – an den Unterschieden scheitern.
Niemand *muss* vor den Unverträglichkeiten kapitulieren.
Jeder *kann* verträgliche Umgangsmuster einüben.
Jeder *kann* beglückende und erfüllende Beziehungen wollen, erbitten und leben.

Wozu lieben Paare die Ergänzung?

Fast 80 Prozent aller Paare sprechen von deutlichen Unterschieden, die sie im Zusammenleben erfahren. Darum suchen sich und finden zusammen:
- Kopftypen und Herztypen,
- Beziehungsmenschen und Sachtypen,
- Stille und Redende,
- Perfektionisten und Großzügige,
- Gesellige und Einzelgänger,
- Ordentliche und Unordentliche,
- Überlegene und Unterlegene,
- Unselbstständige und Selbstständige,
- Introvertierte und Extrovertierte.

Das Positive der Anziehung bildet gleichzeitig den Ursprung der Konflikte. Die Zusammenspielmuster verraten die Wünsche, Absichten und Erwartungen. Meist unverstanden laufen die Muster ab.

Wir suchen, was uns fehlt,

wir suchen, was uns ergänzt,
wir suchen, was uns bereichert,
wir suchen, was uns hilft,
wir suchen, was uns stärkt.

Das Zusammenspiel verrät, was die jeweiligen Partner suchen. Selbstverständlich will der Verwöhnte wieder verwöhnt werden. Mit relativ sicherem »Instinkt« wählt er den Fürsorger, den Betreuer, den väterlichen oder mütterlichen Versorger. Der Aktive findet den Passiven. Er spielt den Mitreißer und Animateur. Der Passive ist nicht selten ein guter Mitspieler. Er lässt sich einspannen und mitziehen und erwartet, dass das Gegenüber Vorschläge unterbreitet und die Initiative ergreift.

Dominante Partner suchen den Anlehnungsbedürftigen. Die einen führen und bestimmen gern, die anderen sind glücklich, wenn einer zügig Entscheidungen trifft und das Heft in die Hand nimmt. Wer selbst herrschen will, wer sich nicht die Butter vom Brot nehmen lässt, wird unbewusst niemals auf einen Starken und einen Bestimmenden fliegen. Beide kommen sich ständig in die Quere und kämpfen um Vorrechte.

So verlieben sich gern Kopftypen und Herztypen. Der Kopftyp ist der nüchtern und rational denkende, praktische und sachlich orientierte Mensch. Er wirkt cool und etwas distanziert und sehnt sich im Grunde nach dem Bauchtyp, dem Gemütsmenschen, der emotional reagiert, das Herz auf der Zunge hat und das Leben recht unkompliziert angeht.

Viele Menschen fliegen auf den anderen und machen sich nicht klar, was sie ursprünglich angezogen hat.

Es gibt keine geschlechtsneutrale Gesellschaft

Neurowissenschaftler und Soziobiologen finden immer neue Beweise dafür,
… dass Jungen mit Sachen spielen;
… dass Mädchen zwischenmenschliche Beziehungen pflegen;
… dass Jungen lenken, dominieren und nach oben kommen wollen;
… dass Mädchen mehr mit moralischen Fragen beschäftigt sind;
… dass Jungen und Männer eher beschützen;
… dass Mädchen und Frauen Familien ernähren.

Diese unterschiedlichen Interessen und Aufgaben haben auch unterschiedliche Gehirne hervorgebracht. Über Jahrmillionen hinweg bildeten sich so unterschiedliche Gehirnstrukturen, behaupten Allan und Barbara Pease und folgern:

»In israelischen Kibbuzim versuchte man über Jahrzehnte hinweg, die geschlechtsspezifische Rollenverteilung aufzuheben. Kleidung, Haarschnitt und Lebensstil orientierten sich an einem geschlechtslosen, neutralen Modell. Jungen wurden ermutigt, mit Puppen zu spielen, zu nähen, zu sticken, zu kochen und zu putzen. Mädchen regte man an, Fußball zu spielen, auf Bäume zu klettern und mit Pfeilen zu werfen.

Der Gedanke, der hinter den Kibbuzim stand, war die Errichtung einer geschlechtsneutralen Gesellschaft, in der es keine starren Rollenschemata gibt und jedes Mitglied gleiche Chancen und gleiche Verantwortung innerhalb der Gruppe hat. (...) Nach neunzigjähriger Erfahrung in Kibbuzim zeigten Studien, dass Jungen in einem Kibbuz aggressiveres und aufsässigeres Verhalten an den Tag legten, während Mädchen kooperativ miteinander umgingen. (...) Stattdessen entsteht eine Generation von Kindern, die sich vernachlässigt und verwirrt fühlen und mit großer Wahrscheinlichkeit einmal als total verkorkste Erwachsene herumlaufen.« [2]

Lässt man Kindern freie Wahl,

- wählen Jungen und Mädchen geschlechtsspezifische Kurse;
- bilden Jungen Machtgruppen und kämpfen miteinander;
- gehen Mädchen Konflikten aus dem Weg;
- verhalten sich Mädchen freundschaftlich und kooperativ miteinander;
- studieren Jungen Physik, Ingenieurwesen und Sport;
- werden Mädchen Lehrerinnen, Beraterinnen, Krankenschwestern und Personalmanagerinnen.

Diese wissenschaftlichen Ergebnisse sind sicher richtig. Es gibt keine geschlechtsneutrale Gesellschaft, und unser Herr hat sie auch nicht gewollt. Frauen und Männer sind unterschiedlich, sie suchen die Ergänzung. Beide Geschlechter müssen lernen, ihre unterschiedlichen Gaben und Begabungen wahrzunehmen und fruchtbar aufeinander abzustimmen.

Die Wahl hat einen Nutzeffekt

Das Hand-in-Hand-Spiel der Partner hat einen Sinn. Sinn und Zweck offenbaren sich jedoch oft erst nach einigen Ehejahren.

Einer braucht den anderen,
einer benutzt den anderen,
einer bedient sich des anderen.

Findet der eine im Leiden Bestätigung, benutzt der andere vermutlich tyrannische Züge, um zu demütigen und zu unterdrücken. Mit sicherer Hand zieht er den Machtmenschen an, der Unterlegene braucht.

Der Alkoholiker, der immer wieder abstürzt, der haltlos geworden ist und sein Geld vertrinkt, gerät nicht selten an ein Opfer, das er ausbeuten kann. Der opferbereite Mensch lässt sich ausbeuten, er lässt sich demütigen und unterstützt bewusst oder unverstanden das Verhalten des Alkoholikers.

Der Verantwortliche, der sich um alles kümmert, der kontrolliert, alles sieht und gewissenhaft regelt, gerät nicht selten an den Großzügigen, der alles schleifen lässt, fünfe gerade sein lassen kann und vieles übersieht. Gewohnte Muster aus der Kindheit werden im Erwachsenenalter weiter umgesetzt.

Auch das gilt:

Je mehr ein Partner seine Einstellungsmuster extrem wahrnimmt, desto stärker kommt ihm der andere dabei entgegen. Wer Verantwortung übertrieben wahrnimmt, erzieht verantwortungslose Partner, die sich um nichts kümmern, weil sie sich rückhaltlos auf das Gegenüber verlassen.

Diese Wechselwirkungen, die nicht oder zu spät erkannt werden, rufen häufig erhebliche Konflikte hervor. Daher lauten viele Beschwerden in der Eheberatung:

»Mein Mann kümmert sich in der Familie um nichts mehr. Alles muss ich allein machen.«

»Die Erziehung ist ausschließlich mein Bereich. Mein Mann ist wie ein Außenseiter. Schulaufgaben, Elternsprechtage und Gespräche mit den Kindern sind mir überlassen.«

So einleuchtend die Aussagen der Betroffenen erscheinen, so problematisch sind sie gleichzeitig. Eheleute übersehen,

- dass einer die *Verantwortung* so gewissenhaft trägt, dass er dem Partner keine Gelegenheit lässt, selbst aktiv zu werden.
- dass einer so ein *Perfektionist* ist, dass der Partner keine Chance hat, Aufgaben zuverlässig und ordentlich zu erledigen.
- dass einer so *eigenwillig* die Erziehung wahrnimmt, dass der Partner nur stört, wenn er sich einmischt.
- dass einer so *selbstherrlich* führt, dass der Partner nicht wagt, dem anderen zu widersprechen oder sich mit ihm anzulegen.

Der Punkt der Anziehung ist der Punkt des Konflikts

Es gibt einen Satz in der Beratungspraxis, der treffend das Problem charakterisiert: Der Punkt der Anziehung ist der Punkt des Konflikts.
Die Ergänzung der Partner hat die Wahl motiviert.
Die Ergänzung eskaliert, weil die Unterschiede zu krass aufeinander stoßen. Je extremer jemand Verantwortung, Perfektionismus, Dominanz, Introversion oder Extraversion lebt, desto leichter geraten die Ergänzungsmuster zu Gegensätzen.
Ergänzungen sind hilfreich.
Ergänzungen sind notwendig.
Ergänzungen bereichern unser Leben.
Falsch ist es,

- die eigenen Einstellungsmuster als die allein richtigen zu betonen.
- die Reaktionsmuster des anderen zu diskriminieren.
- die Partnerwahl im Nachhinein als falsch zu bezeichnen, weil die Ergänzungen als Gegensätze empfunden werden.
- dem Partner die Hauptschuld für Konflikte anzulasten.

Wir alle möchten unseren Partner *vollkommen* verstehen. Das ist nahezu unmöglich.
Viele Ergänzungen bleiben ein *Rätsel,*
viele Eigenarten bleiben ein *Geheimnis,*
viele Verhaltensmuster bleiben *uneinfühlbar.*
Wer kapituliert, kapituliert vor der Liebe. Er gibt auf und lässt die Beziehung veröden. Wer sich um den anderen bemüht, wird belohnt.

Die amerikanischen Autoren Bill und Pam Farrell drücken es so aus:
»Das Problem ist, dass wir einander nie verstehen können. Wir sagen Männern bei jeder Gelegenheit, dass sie an dem Tag, an dem sie ihre Frau verstehen, ihre erste Monatsblutung haben werden. Und den Frauen sagen wir, dass sie an dem Tag, an dem sie ihren Mann verstehen, einen heftigen Ausstoß von Testosteron in ihrem Körper erleben werden. Aber geben Sie die Hoffnung nicht auf – auch wenn Sie Ihren Partner niemals ganz verstehen werden, können Sie ihn in einem dauerhaften Liebesabenteuer *entdecken.*« [3]

Der andere bleibt ein Kontinent, auf dem immer Neues entdeckt werden kann. Alle Geheimnisse lüften wir nie. Viele Rätsel bleiben ungelöst.

Liebe beinhaltet:

- Wir geben das Bemühen nie auf, den anderen *zu verstehen.*
- Wir geben das Bemühen nie auf, den anderen *ernst zu nehmen.*
- Wir geben das Bemühen nie auf, uns in den anderen *hineinzuversetzen.*

Wenn wir das *tun,* kommt einer dem anderen entgegen. Er ist dankbar, weil wir nicht gleichgültig neben ihm hergehen.

Missverständnisse zwischen Frau und Mann

Die Unterschiede zwischen den Geschlechtern werden besonders in Gesprächen deutlich.

Die Gesprächsführung spiegelt wider, wie Männer und Frauen auf Stress reagieren:

- Männer ziehen sich in die Konzentration zurück.
- Frauen reagieren zunehmend emotional.
- Männer fühlen sich besser, wenn sie Probleme für sich lösen können.
- Frauen fühlen sich besser, wenn sie darüber reden können.

Die fünf häufigsten Missverständnisse nach John Gray[4]:

Missverständnis 1:

Sie sagt: »Du hörst mir überhaupt nicht zu!«

Er entgegnet: »Natürlich höre ich dir zu! Ich kann alles, was du sagst, Wort für Wort wiederholen.«

Unterschied: Er ist beschäftigt und mit seinen Gedanken woanders. Sie will seine ungeteilte Aufmerksamkeit.

Missverständnis 2:

Sie sagt: »Ich habe das Gefühl, du bist gar nicht richtig da!«

Er entgegnet: »Was soll das heißen, ich bin nicht richtig da!
Natürlich bin ich da!
Oder siehst du mich etwa nicht?«

Unterschied: Er denkt, wenn sein Körper vor ihr steht, müsste sie seine volle Präsenz verspüren.
Sie denkt, er ist zwar körperlich anwesend, aber doch für sie nicht voll erreichbar.

Missverständnis 3:

Sie sagt:	»Du sorgst dich nicht um mich!«
Er entgegnet:	»Natürlich sorge ich mich um dich! Schließlich versuche ich die ganze Zeit, dieses Problem für dich zu lösen.«
Unterschied:	Er meint, wenn er damit beschäftigt ist, ein Problem zu lösen, das in irgendeiner Weise mit ihr zu tun hat, sollte sie merken, dass er sich um sie sorgt. Sie hat das Bedürfnis, seine volle Aufmerksamkeit und Fürsorge zu spüren.

Missverständnis 4:

Sie sagt:	»Ich habe das Gefühl, ich bin dir nicht wichtig!«
Er entgegnet:	»Das ist doch lächerlich! Natürlich bist du mir wichtig!«
Unterschied:	Er nimmt sie wichtig, wenn er auf Abstand Probleme für sie löst. Er merkt nicht, dass sie ihn intensiver erleben will. Sie will voll beachtet und wahrgenommen werden.

Missverständnis 5:

Sie sagt:	»Du hast kein Herz! Du bist ein reiner Kopfmensch!«
Er entgegnet:	»Was meinst du, wie ich sonst dieses Problem lösen könnte?«
Unterschied:	Er wirkt kühl, distanziert und kopfgesteuert, wenn er Probleme löst. Sie vermisst sein Herz, seine Gefühle, seine emotionale Beteiligung.

Wo liegen Fehler in der Gesprächsführung der Partner?

- Sie greift an, sie wirft ihm etwas vor die Füße. Ihre Kritik, wie sie sie empfindet, wird von ihm als aggressiver Akt verstanden.
- Er rechtfertigt sich, teilweise schlägt er zurück.
- Er geht heftig in die Verteidigung.
- Er klärt mit seiner Logik und beide reden aneinander vorbei.

Was kann der Mann antworten?

Bei Missverständnis 1: »Du hast das Gefühl, dass ich weit weg von dir bin. Ich versuche deine Probleme zu lösen, beantworte das aber in meinem Innern.«

Bei Missverständnis 2: »Ich bin zwar nahe bei dir, aber du möchtest mich offensichtlich noch innerlich näher erleben. Kann das sein?«

Bei Missverständnis 3: »Bitte, hilf mir, dass ich die Sorge, die ich offensichtlich nicht einfühlsam genug für dich teile, in deinen Augen wirksamer zeige.«

Bei Missverständnis 4: »Ich möchte dich ganz wichtig nehmen. Sag mir konkret, was du erwartest.«

Bei Missverständnis 5: »Offensichtlich bin ich zu kopfgesteuert an das Problem herangegangen. Wie kann ich deiner Meinung nach mehr mit dem Herzen an die Dinge herangehen?«

- Keine Rechtfertigung! Wer sich rechtfertigt, klagt sich an. Der andere hat Recht, er fühlt so und darf so fühlen.
- Liebe beinhaltet: Ich nehme dich in deinen Gefühlen und Wahrnehmungen ernst. Ich gebe mir Mühe und stelle mich auf dich ein!
- Diese Regel gilt für Männer *und* Frauen.

Gegensatz oder Ergänzung?

Auch im Neuen Testament greift Jesus die Problematik von Ergänzung und Gegensatz auf. Zwei Geschichten stehen direkt hintereinander, die verdeutlichen, dass keine Gegensätze einseitig unser Christsein charakterisieren, sondern

- Hören und Dienen,
- Sendung und Sammlung,
- Helfen wollen und stille werden,
- Aufopferung im Dienst und Meditation

unser christliches Leben kennzeichnen.
Eine Geschichte beschreibt den »barmherzigen Samariter«, der aktiv und hingebungsvoll Gott dient, in der Geschichte um Marta und Maria geht es um die hörende Maria, die Jesus zu Füßen sitzt, die ausdrücklich von Jesus gelobt und wertgeschätzt wird.

»Meine liebe Marta, du sorgst dich um so viele Kleinigkeiten! Im Grunde ist doch nur eines wirklich wichtig. Maria hat erkannt, was das ist – und ich werde es ihr nicht nehmen« (Lukas 10,41-42).

Vor einigen Jahren hatte ich Vorträge in Nürnberg und wohnte im Krankenhaus »Martha-Maria«. Der Name ist Programm. Beide Akzente, die mit den Namen in der biblischen Geschichte ausgedrückt werden, sollen an den Kranken gelebt werden, nämlich Hilfe und Hören auf das Wort Gottes. Der Kranke braucht praktische Hilfe, er braucht Versorgung und Betreuung. Und er braucht Gottes Wort. Ihm soll *ganzheitlich* gedient werden. Leib *und* Seele sollen heil werden. Nicht das eine ohne das andere.

Adolf Schlatter, der große Theologe, machte in einer Auslegung darauf aufmerksam, dass beide Geschichten zusammen gesehen werden müssen. Er schrieb:

»Sein Wort macht uns aber, wie wir soeben an der Geschichte vom Samariter sahen, nicht müßig, sondern lehrt uns den Willen Gottes *tun*. Ohne Zweifel lässt Lukas die beiden Geschichten mit vollem Bedacht einander unmittelbar folgen. Dem Lehrer zeigte Jesus, wie wir einander dienen; mit Marta sprach er darüber, wie wir ihm dienen und Gott unsere Liebe zeigen; es geschieht durch die Bewahrung seines Wortes.« [5]

Marta und Maria hatten ganz sicher auch Beziehungsschwierigkeiten. Marta wendet sich sogar an Jesus und bittet ihn: »Herr, kümmert es dich nicht, dass mich meine Schwester die ganze Arbeit allein tun lässt?«

Dieses Allein ist in Ehe und Familie ein schlimmes Umgangsmuster.

»Alles muss ich *allein* machen«, sagt die Mutter in der Familie.

»Alles bleibt *allein* an mir hängen, die gesamte Erziehung«, klagt die Ehefrau den Partner an.

»Alle Entscheidungen muss ich *allein* treffen«, beschwert sich der Ehemann in der Beratung.

Beide freuen sich nicht über ihre Talente, die sie zum Segen von Ehe und Familie nutzen können, sondern streiten um Nachteile, fühlen sich betrogen und ausgenutzt. Wer unterschiedliche Gaben einseitig bewertet, überschätzt oder unterschätzt, zerstört den Erfolg, den diese unterschiedlichen Gaben für Ehe und Familie bringen können.

Es geht nicht um *Gegensätze,* sondern um *Ergänzung*. Mann und Frau spielen zusammen. Die Gaben des einen sind zum Nutzen der Gemeinschaft gedacht. Diese Vorstellung bringt Paulus auf den Punkt, wenn er schreibt:

»Gott wirkt auf verschiedene Weise in unserem Leben, aber es ist immer derselbe Gott, der in uns allen wirkt. Jedem von uns wird eine geistliche Gabe zum Nutzen der ganzen Gemeinde gegeben« (1. Korinther 12,6-7).

Präziser können die unterschiedlichen Begabungen von Mann und Frau – auch für den Nutzen der Ehe – nicht beschrieben werden.

Die unterschiedlichen Stärken bereichern und beglücken, wenn sie als Ergänzung und Reichtum gesehen werden.

Auch die unterschiedlichen Befähigungen zur Liebe sind wunderbare Ergänzungen.

Gott hat unterschiedliche Wünsche in Mann und Frau hineingelegt.

Gott hat unterschiedliche Bedürfnisse in beide Geschlechter programmiert.

Gott hat beide Geschlechter mit unvorstellbarer Liebe begabt.

Gott will, dass beide sich beschenken, beglücken und bereichern.

Es ist eine geradezu teuflische Bosheit, wenn diese guten Geschenke Gottes, die zwei Menschen beglücken sollen, Streit und Zwietracht hervorbringen.

KAPITEL 2

DIE ZUKÜNFTIGE EHE BESTEHT AUS SECHS PERSONEN

Dieser Gedanke ist für viele Verliebte, auch für Eheleute, ein Ärgernis. Aber jeder sollte wissen: Konflikte mit Eltern und Schwiegereltern gehören zu den Ursachen von späteren Eheproblemen. Zu den größten Herausforderungen junger Paare gehört die gute Beziehung zu Eltern und Schwiegereltern. Ihr Einfluss ist in jeder Beziehung spürbar. Auch wenn junge Paare weit vom Elternhaus wegziehen, nehmen sie die verinnerlichten Muster von Eltern und Schwiegereltern mit. Die Erwartungen an die eigene Partnerschaft sind ein Spiegelbild dessen, was die Partner im eigenen Elternhaus erlebt und wahrgenommen haben.

In der Vergangenheit orientierten sich junge Paare an überlieferten Traditionen, wenn sie eine Ehe eingingen.

- Wie man Feiertage beging,
- wie man eine Geburt bekannt gab,
- wie man den Tod betrauerte,
- wie man bestimmte Mahlzeiten herrichtete,
- wie man Hochzeiten feierte.

Überlieferte Traditionen prägten die Verliebten. Heute heiraten viele Menschen über die ehemaligen Schranken hinweg. Alte Regeln und soziale, ökonomische und geistliche Wurzeln werden ignoriert.

Wer in die Ursprungsfamilie hineinschaut, findet alles, was auch seine spätere Ehe ausmachen wird. Wer bestimmt? Überprüfen Sie die Leitung der Familie in Ihrer Kindheit.
Mit wem stimmen Sie am meisten überein? Mit Vater oder Mutter? Wer hatte die Zügel in der Hand?

Wer hat zugestimmt?
Wurde mit Macht entschieden oder mit Liebe?
Wurde gekämpft oder liebevoll das Zepter geschwungen?
Aß man in der Küche und reservierte das Wohnzimmer für den Sonntag und für die Gäste?

Rollen in der Partnerschaft

Jeder bekommt in der Herkunftsfamilie eine bestimmte Rolle zugewiesen. So kann das älteste Kind *Vertraute* oder Vertrauter der Eltern sein. Ein besonders sensibles Kind wird zum *Friedensstifter.* Es übernimmt die Rolle des Vermittlers. Wieder ein anderes Kind hat die Rolle des *Rebells.* Der Rebell setzt seinen eigenen Kopf durch und macht, was er will. Ein anderes Kind fühlt sich zurückgesetzt, übersehen und nicht ernst genommen. Oft übernimmt ein älteres Mädchen die Rolle der *Verantwortlichen.* Ein älterer Junge will führen und gibt den *Ton an.*

Es ist keine Frage, dass diese Rollen mit in die Ehe gebracht werden. Stellen Sie sich vor, der eine verkörpert die Rolle des Friedensstifters und der andere die Rolle des Rebells. Oft ergänzen sich die Rollen emotional. Beide fördern die Rollen beim anderen.

Da ist das *verwöhnte* Kind und die *Fürsorgerin* oder der Fürsorger. Der eine wurde mit Aufmerksamkeit überhäuft, bekam seinen Willen und setzte sich egoistisch und launisch durch. Solche Kinder finden in der Regel den Fürsorger oder die Fürsorgerin, die liebevoll nachgeben und sich zur Fürsorge verleiten lassen.

So lernte Mischa, ein Student der Literaturwissenschaft, die attraktive Gudrun kennen. Gudrun war immer elegant gekleidet und perfekt geschminkt. Eltern und Großeltern ermöglichten ihr das Studium, zahlten eine kleine Wohnung und sorgten finanziell dafür, dass Gudrun selbst nie kochen musste. Gudrun zog mit in die Wohngemeinschaft zu Mischa. Die Freundschaft dauerte etwa drei Monate, dann war die Beziehung beendet. Zwei Verwöhnte hatten sich gefunden.

Mischa war von Eltern und Großeltern bedient worden, und die elegante Gudrun ebenso. In der Gemeinschaftsküche kochten alle anderen, nur Mischa und Gudrun nicht. Beide verstanden sich gut, erwarteten aber vom anderen, verwöhnt und versorgt zu werden. Das ging ein paar Monate gut, dann brach die Freundschaft auseinander. Jeder machte dem anderen Vorwürfe, zu wenig für die Beziehung zu tun.

Wieder eine andere Rolle hat Armin übernommen. Er ist der Aktive, der Initiator und Abenteurer. Armin ist zweites Kind. Er hat noch einen älteren

Bruder, der sehr introvertiert, ruhig und ans Elternhaus gebunden ist. Armin ist der Gegensatz, der Draufgänger und Abenteurer. Er spielte draußen, suchte Freunde, mit denen er im Wald spielen konnte. Meist war er der Anführer. Er liebte es, andere mitzuziehen und gemeinsame Streiche auszubrüten.

In der Elektrikerlehre lernte er Elsbeth kennen, eine ängstliche und passive junge Dame. Elsbeth hatte einen Herzfehler und wurde von ihren Eltern in Watte gepackt. Man traute ihr nichts zu und überbeschützte sie von morgens bis abends. Das Mädchen wurde übervorsichtig und traute sich nur in Begleitung von Erwachsenen etwas zu. Elsbeth war von dem Draufgänger Armin begeistert. Sie bewunderte seinen Mut und sein Engagement für Fahrräder und Motorräder. Beide ergänzten sich auf gute Weise. Armin war glücklich, der Engagierte und Mitreißer zu sein. Elsbeth, die Verschlossene und Ängstliche, ließ sich willig mitnehmen.

Vor der Ehe kamen beide für zehn Gespräche in die Beratung.

- Armin legte Wert darauf, Elsbeth nicht zu verwöhnen und überzubeschützen.
- Elsbeth fuhr unter ärztlicher Anleitung jeden Tag Rad, stärkte ihren Herzmuskel und trainierte ihre Widerstandskraft.
- Elsbeth machte einen Kochkurs in der Volkshochschule und war stolz auf ihr wachsendes Selbstbewusstsein.
- Elsbeth wurde eigenständiger und gewann mehr Selbstvertrauen. Sie blieb insgesamt die Passivere.
- Beide waren sehr *unterschiedlich* und praktizierten doch eine wohltuende *Ergänzung*.

Übereinstimmung von Einstellungen und Interessen

Es geht nicht um die *Ähnlichkeit*, die wir anstreben, es geht um die *Übereinstimmung* von Einstellungen und Interessen. Gott hat die Unterschiedlichkeit gewollt. Zwei Menschen sind immer grundverschieden.

Ihre *Ansprüche,*
ihre *Erwartungen,*
ihre *Ansichten,*
ihre *Vorlieben,*
ihre *Gewohnheiten* und
ihre *Glaubensüberzeugungen* stimmen selten überein.

Elsbeth und Armin sind dafür ein gutes Beispiel. Er ist ein Draufgänger, liebt Abenteuer und rasante Fahrten mit dem Motorrad. Sie ist eher ängstlich und vorsichtig, lässt sich aber gern mitreißen und mitnehmen. Sie ist dankbar für seine Ideen und Pläne.

Er ist kein Rechthaber und Bestimmer, dem sich alles unterordnen muss. Er kann sie mit Geduld überzeugen, und er nimmt sich Zeit dazu. Sie mag ihre Passivität nicht und lässt sich gern umstimmen.

Er ist ein Unruhetyp, sie ist sehr häuslich. Sie versteht es, die Wohnung wie ein wohliges Nest herzurichten. Beide genießen Ruhe und Unruhe. Er kommt aus der Landeskirche. Sie ist als junges Mädchen in einer Freikirche getauft worden. Er sieht viele Aussagen theologisch anders. Aber beide können ihre Glaubensansichten stehen lassen, können sich bejahen und können beide zusammen beten.

Worauf kommt es an?

- Dass beide kompromissbereit sind.
- Dass beide einander stehen lassen können.
- Dass beide tausend Kleinigkeiten aufeinander abstimmen können.
- Dass beide im Glauben eine tragfähige Basis finden und in Gott einen festen Halt haben.

Anpassung mit innerer Zustimmung

Die fruchtbarste Art, eine passable Partnerschaft zu gestalten, besteht darin, sich mit *innerer Zustimmung* anzupassen. Dazu erzählt Paul Watzlawik, der amerikanische Psychotherapeut und Kommunikationswissenschaftler, eine eindrückliche Geschichte:

Da ist ein junger Mann, er hat die Pubertät hinter sich und ist reif geworden. Er joggt durch den Stadtpark, ist sonst voller Kraft, nur heute Morgen ist er müde. Er hatte die Nacht zum Tage gemacht. Das Joggen macht ihm Mühe und er überlegt, ob er den Weg nicht abkürzen soll. Warum kann er nicht quer durch den Park laufen und abkürzen? Bevor er den festen Weg verlässt, erblickt er am Rande eine Messingtafel, die mahnt: »Das Betreten der Rasenfläche und Blumenbeete ist verboten und wird mit einer Geldstrafe von 50 Euro bestraft. – Der Stadtrat.«

Der junge Mann hat drei Möglichkeiten zu reagieren:

Möglichkeit 1: Er joggt unbekümmert über den Rasen und die Beete, stört sich an nichts und hofft, dass er nicht erwischt wird.

Möglichkeit 2: Er läuft wütend den vorgeschriebenen Weg durch den Park und beschimpft während des Laufens den engstirnigen Stadtrat.

Möglichkeit 3: Er läuft zufrieden seinen Weg weiter. Er hat eine gute Tat getan und vielen Mitbürgern der Stadt einen positiven Blick auf Rasen und Beete auch weiterhin ermöglicht.

Es unterliegt keinem Zweifel, dass die letzte Möglichkeit dem jungen Mann eine zufriedene Lebenseinstellung beschert. Er genießt das Laufen, vergiftet seinen Körper nicht mit belastenden Stoffen und kehrt in guter seelischer Verfassung in seine Wohnung zurück. Eine solche Lebenseinstellung ist gemeinschaftsfreundlich und nicht egoistisch.

Wer in der Partnerschaft eine solche Anpassung mit innerer Zustimmung realisieren kann, wird harmonischer und konfliktfreier mit seinem Partner zusammenleben.

Anpassung *um jeden Preis* ist falsch und gesundheitsschädlich.

Anpassung *mit innerer Zustimmung* ist erlernbar und mit Gottes Hilfe eine Lösung, unterschiedliche Charaktere miteinander zu verbinden.

Schwiegermütter und Schwiegerväter

Wer zu einer Frau oder zu einem Mann Ja sagt, bekommt neben den Eltern die Schwiegereltern dazu. In guten wie in schlechten Tagen, in Krankheit und Gesundheit, bis der Tod es scheidet, wird das Paar häufig zu sechst durchs Leben gehen. Mit der Eheschließung wächst schlagartig die Anzahl der Menschen, der Erwartungen und der Gefühle, mit denen man im Alltag zurechtkommen muss. Oft staunen die Paare, wie sehr sich die neuen Beziehungen auf sie selbst und ihre Ehe auswirken.

Schwiegermütter sind häufig eine Spezies für sich. Sie haben landauf und landab eine schlechte Presse. Die Witze über Schwiegermütter sind Legion. Sie werden als gefährlich dargestellt oder lächerlich gemacht.

Wurde ein Mann bei den Eingeborenen im Norden Australiens dabei erwischt, dass er mit seiner Schwiegermutter sprach, wurde er aus dem Lager verbannt. Bei den Yucatan-Indianern glaubte man allen Ernstes, dass ein Mann, der auf eine Schwiegermutter trifft, niemals Kinder zeugen kann.

Am häufigsten wird an Schwiegermüttern kritisiert, dass sie sich in die Ehe des Paares einmischen. Was ist das Hauptproblem? Viele verhalten sich so, als seien die zukünftigen Ehepartner nur noch Kinder,

- die man kritisieren,
- die man disziplinieren,
- die man beschützen oder
- die man bevormunden muss.

Schwiegerväter haben den schlechten Ruf nicht. In der Regel halten sie sich zurück. Hier und da spielen sie die Rolle eines Familienoberhaupts. Ihr Wissen und ihre Erfahrungen werden autokratisch ins Spiel gebracht. Einige spielen den Ratgeber. Aber alle patriarchalen Anwandlungen sind heute bei jungen Leuten wenig gefragt.

Es besteht kein Zweifel, dass viele Reibungen in den Ehen der Kinder durch Eltern und Schwiegereltern verursacht werden. Nicht wenige sind außerordentlich kontrollhungrig. Sie erwarten, dass alle Geburtstage, Feiertage und Gedenktage von den Kindern zu Besuchen genutzt werden. Die Erwartungen der Eltern lösen beim jungen Paar unterschiedliche Reaktionen aus. Die eine Partei will gefallen und gibt ständig nach, die andere Partei sieht das nicht ein, und schon sind die Auseinandersetzungen vorprogrammiert.

Anregungen für den Umgang mit Eltern und Schwiegereltern

Die meisten Paare sind überrascht, wie viele Anforderungen und Spannungen sich aus dem Umgang mit Eltern und Schwiegereltern ergeben. Es ist eine große Herausforderung für das Paar, die familiären Verpflichtungen konstruktiv zu regeln. Patentrezepte gibt es nicht.

Anregung 1: Sorgen Sie für eine klare Abgrenzung

Viele Eheschwierigkeiten tauchen auf, wenn das junge Paar sich entschließt, zu den Schwiegereltern zu ziehen. Häufig besitzen die Eltern ein Haus und sorgen dafür, dass ein Kind mit dem Partner oder der Partnerin einziehen kann. Die Miete ist günstig, und die Kinder geraten in ein Abhängigkeitsverhältnis. Auch wenn es nicht beabsichtigt ist, können kleine Unstimmigkeiten als Undankbarkeit verstanden werden. Ein entscheidender Fehler besteht darin, dass sich die Kinder nicht eindeutig räumlich von den Eltern abgrenzen. Die Räume stehen für alle Parteien offen. Die Eltern behandeln das junge Paar wie ihre eigenen Kinder, bei denen sie zu jeder Zeit unangemeldet Zutritt haben. Das darf nicht sein!

Eigene Schlüssel und klare Absprachen – vom ersten Tag an – sind notwendig, um spätere Konflikte zu vermeiden. Mangelnde Abgrenzung führt in der Regel zu hässlichen Auseinandersetzungen.

***Anregung* 2: Beide Partner sind vom Elternhaus abgenabelt**

Ehereife verlangt, dass beide Partner sich vom Elternhaus gelöst haben. Beide müssen innerlich und äußerlich unabhängig und mündig sein. Vater und Mutter zu verlassen, ist eine biblische Grundvoraussetzung. Verlassen heißt nicht im Stich lassen. Aber die seelische Abnabelung muss gewährleistet sein.

Wer bei wichtigen Fragen und Lebensentscheidungen ständig Vater und Mutter fragt, statt mit dem Partner die Probleme zu lösen, räumt den Elternbeziehungen zu viel Raum ein. Elterliche Einflüsse, auch finanzielle Abhängigkeit, können die Harmonie des jungen Paares empfindlich stören.

***Anregung* 3: Das junge Paar hält zusammen**

Schwierigkeiten tauchen auf, wenn das junge Paar nicht rückhaltlos zusammenhält. In der Seelsorgepraxis habe ich oft den Vorwurf eines Partners gehört, der sein Gegenüber anklagt:

»Im Gespräch mit deinen Eltern bist du mir in den Rücken gefallen. Du hast dich auf die Seite der Eltern gestellt.«

»Du liebst deine Eltern mehr als mich.«

Macht und Einfluss der Eltern sind so groß, dass ein Kind in die alte Abhängigkeit fällt.

Eine Frau, die mit einem Schulleiter verheiratet ist, gestand mir unter Tränen: »Wenn mein Mann die Türschwelle seiner Eltern überschreitet, ist er kein Mann mehr! Das Kind von damals spricht aus jeder Bewegung!«

Die jungen Paare vergessen, dass zuerst die eigene Beziehung kommt. Die Bibel beschreibt auf den ersten Blättern, welchen Stellenwert die Ehe für die Ablösung der Kinder hat:

»Darum wird ein Mann seinen Vater und seine Mutter verlassen und seiner Frau anhangen, und sie werden sein ein Fleisch« (1. Mose 2,24).

Die Familie löst sich auf, das ist gottgewollt und schöpfungsgemäß.

Je mehr Menschen an einen Elternteil gefesselt sind, desto schwieriger gestaltet sich der Ablösungsprozess.

Das Einssein erfasst Leib und Seele.

Das Einssein betrifft die Lebensziele.

Das Einssein umfasst die gemeinsamen Überzeugungen, den Glauben und die Sexualität.

Anregung 4: Wagen Sie es, Konflikte mit den Eltern anzusprechen

Viele Paare haben große Angst, sich mit den Eltern oder Schwiegereltern auseinander zu setzen. Diese Angst trägt dazu bei, dass Paare es vermeiden, an einem Strang zu ziehen. Sie machen den Fehler, lieber den Druck in ihrer Partnerschaft auszuhalten, als das Problem dort abzuladen, wo es hingehört – bei den Eltern oder Schwiegereltern.

Woran liegt das?

- Die Beziehung zu den Eltern geht oft tiefer als die Verheirateten es wahrhaben wollen.
- Kinder sehen es geradezu als Verrat an, die eigenen Eltern zu belasten.
- Selbst Problemmütter und Problemväter werden nach dem Verlassen der Eltern in günstigerem Licht gesehen.
- Je mehr Eltern unter dem Weggang eines Kindes gelitten haben, desto weicher und mitleidsvoller reagieren die Betroffenen.

Anregung 5: Lassen Sie sich keine Schuldgefühle machen

Schuldgefühle spielen in zwischenmenschlichen Beziehungen eine große Rolle. Also auch zwischen Kindern, Eltern und Schwiegereltern. Viele Eltern haben es meisterhaft verstanden, den Kindern Schuldgefühle zu machen. Kinder haben das Gefühl:

»Ich darf meine Eltern nicht im Stich lassen!«

»Hoffentlich verkraftet es meine Mutter, wenn ich in absehbarer Zeit aus dem Haus gehe!«

»Wenn ich Weihnachten nicht komme, leiden meine Eltern wochenlang!«

»Wenn ich an Vaters Geburtstag nicht freinehme, hängt der Haussegen monatelang schief.«

»Wenn ich nicht jeden Tag anrufe, tut sich meine Mutter was an.«

Solche Schuldgefühle zerstören die Zufriedenheit der Kinder, machen unnötig abhängig und verursachen unter Umständen eine sklavische Fesselung. Schuldgefühle entstehen, wenn Kinder das Gefühl haben, ihre eigenen Bedürfnisse stünden im Widerspruch zu den Erwartungen der Eltern. Eltern, die keine glückliche Ehe führen und die ein Kind geklammert haben, leiden besonders. Kinder, die sich von Schuldgefühlen der Eltern beeinflussen lassen, tun alles, um die Eltern zufrieden zu stellen. Sie gefährden dabei ihre eigene Partnerschaft, weil das Gegenüber in der Regel die Erwartungen nicht erfüllen will.

Schuldgefühle, die Eltern machen, sind lieblose Praktiken und ungeistliche Verhaltensmuster. Schuldgefühle sind Erpressungsmethoden.

Besonders sensible Menschen können damit bewusst oder unbewusst tyrannisiert werden. Je klarer und eindeutiger die Schuldgefühle, die Eltern machen, abgewiesen werden, desto harmonischer verlaufen auf Dauer die Beziehungen zwischen Eltern und Kindern.

KAPITEL 3

NÄHE UND DISTANZ IN DER PARTNERSCHAFT

Nähe und Distanz sind ein Reizthema in allen Beziehungen. Die Sehnsucht nach Nähe und Distanz bringt viele Paare in Schwierigkeiten.
Der eine braucht

- viel Nähe,
- viel Austausch,
- viel Wärme,
- viel Kommunikation,
- viel Intimität.

Der andere braucht

- viel Distanz,
- viel Abstand,
- viel Selbstständigkeit,
- viel Zeit zur Selbstreflektion,
- viel Unabhängigkeit.

Es ist völlig falsch zu behaupten, nur Frauen seien die Nähebedürftigen. Die Distanzierten seien die Männer. In vielen Ehen kann es umgekehrt sein. Da sind die Männer nähebedürftig und kuscheln gerne.

Frauen sind cooler und kopfgesteuerter.

Die Unterschiede der Partner können die Logik beeinflussen, dass einer sagt:

»Du liebst mich nicht.«

»Du verstehst mich nicht.«

»Du bist unmöglich.«

Nicht nur Menschen spiegeln diese Wesensunterschiede wider, auch Tiere zeigen unterschiedliche Verhaltensmuster.

Ich war in Paraguay und wohnte bei einer Mennoniten-Familie. Sie lebten einsam im Chaco und hatten zwei große Schäferhunde. Der eine ein Distanzierter, der andere ein Nähetyp. Wenn ich unterwegs war und zurückkam, lief das nähebedürftige Tier zu mir her, sobald ich das Tor aufmachte und stellte sich quer. Ich musste ihn streicheln. Er ließ mich nicht vorbei. Er hatte ein ausgesprochenes Geschick entwickelt, sich seine Streicheleinheiten zu holen. Er kämpfte darum, mit ins Haus genommen zu werden. Der andere blieb auf Distanz, legte sich vor das Haus und machte keine Anstalten, mit ins Innere zu kommen.

Kinder entwickeln ihre Beziehungsmodelle

Emotionale Bindungen sind in der menschlichen Natur angelegt. Neben der Sexualität und der Nahrungsaufnahme, die das Überleben sichern, ist das Bindungsverhalten eine eigenständige Überlebensfunktion. Teils ist es angeboren, teils ist es erlernt. Im Keim ist es beim Neugeborenen angelegt, bleibt aber über die gesamte Lebensspanne hinweg bis ins hohe Alter bestehen. In der Kindheit sind es die Eltern und Erzieher, bei denen das Kind Schutz, Trost und Hilfe sucht.

Jedes Kind entwickelt auf der Basis seiner individuellen Bindungserfahrungen ein unbewusstes Bild, wie es Beziehungen versteht. Es programmiert sozusagen ein bestimmtes Beziehungsmodell. Dieses Beziehungsmodell ist selbstverständlich zu verändern. Durch neue Erfahrungen und neue Erwartungen, durch Stress und Enttäuschungen kann das Bindungsmodell im Lauf des Lebens verändert werden.

Nähe und Distanz sind auch angeboren. Kinder zeigen unterschiedliche Verhaltensweisen. Die einen können mit sich etwas anfangen, die anderen hängen an der Mutter. Sie können nicht allein spielen, sie suchen einen Spielgefährten. Sind sie befreundet, wollen sie sich ständig treffen. Viele können ohne den anderen nicht leben. Die einen suchen den Spielgefährten oder die Spielgefährtin auf, die anderen lassen sich besuchen. Sie üben einen Sog auf die Mitspieler aus. Die Verhaltensmuster sind unterschiedlich.

Distanzierte Kinder sind anders. Stundenlang können sie mit sich allein etwas anfangen. Sie lesen, sitzen hinter dem Computer, praktizieren harmlose und gefährliche Computerspiele, geben sich pflegeleicht, sind aber für intensive und zeitaufwendige Freundschaften nicht zu haben.

Kinder entwickeln sich auch unterschiedlich. Die einen reden, tauschen sich aus, klären im Gespräch und denken laut. Die anderen schweigen, klären im Innern, brauchen weniger Kontakt und können gut allein mit allem fertig werden. Kein Zweifel, die Nähebedürftigen sind häufiger unter

Mädchen und Frauen zu finden, die Distanzierten werden oft von Jungen und Männern verkörpert.

Aus Seelsorge und Beratung weiß ich, dass nicht selten Anziehung und Partnerschaft gegensätzlich verlaufen. Männer brauchen mehr Nähe, suchen stärker das Gespräch und wollen viel Zeit mit der Partnerin *gemeinsam* verbringen. Diese anlagebedingten und erzieherisch programmierten Einstellungs- und Verhaltensmuster können das partnerschaftliche Zusammenspiel empfindlich stören.

Nähe und Distanz sind eine Frage des Lebensstils

Was ist der Lebensstil des Menschen?

Jeder Mensch, ob Kind oder Erwachsener, Frauen und Männer haben einen einmaligen und unverwechselbaren Lebensstil. Der Lebensstil beschreibt diese originären Persönlichkeiten. Der Lebensstil beinhaltet:

- Meine persönlichen Lebensgrundüberzeugungen,
- meine persönliche Welt- und Glaubensüberzeugung,
- meine subjektive Art, Innigkeit, Wärme, Gefühle, Nähe und Distanz, Austausch der Gedanken, Zärtlichkeit, Umarmungen usw. zu erleben,
- meine subjektive Art, eher Abstand, Distanz und Selbstständigkeit zu praktizieren.

Dieser Lebensstil kennzeichnet meine Grundmuster für Kommunikation, für Enge und Weite, für Nähe und Distanz.

Schon das kleine Kind spiegelt Anlagen der Eltern und Erziehungsmomente wider. Es trainiert,

was *hilfreich* ist im Miteinander,
was *störend* ist im Zusammenleben,
was *nützlich* ist in der Partnerschaft.

So leben Kinder, Heranwachsende und spätere Erwachsene das, was ihnen mehr entspricht – Nähe oder Distanz.

Die einen wollen unabhängig, selbstständig und freiheitsliebend bleiben, die anderen wollen die totale Einswerdung mit dem Partner. Die einen geben ihr Ich auf, die anderen kämpfen um ihre Unabhängigkeit.

Diese Muster sind zum Teil vererbt, zum Teil erzogen. Das Zusammenspiel mit Eltern, Großeltern und Geschwistern animiert das Kind, sich für diesen oder jenen Lebensstil zu entscheiden.

Beziehung und Zufriedenheit

Beziehungen sind für das menschliche Wohlbefinden wichtig. Die Wuppertaler Forscher Hasselbrauck und Küpper schreiben:

»Ist man mit der Partnerschaft zufrieden, so ist man es in der Regel auch mit seinem Leben im Allgemeinen. (...) In 16 von 17 untersuchten Nationen, darunter neben den USA auch Japan, Italien und Deutschland, ist das so. Allein zu sein macht die meisten Menschen unglücklich, im Extremfall sogar krank. (...) Ist Gesellschaft an sich schon förderlich für unser Wohlbefinden, so ist es eine Liebesbeziehung erst recht: Verheiratete fühlen sich selten einsam, Singles deutlich häufiger. Offenbar ist das für die meisten Menschen tatsächlich der feste Partner, der für Wohlbefinden sorgt. (...) Probleme in Beziehungen haben gravierende Konsequenzen für unsere körperliche Gesundheit. Hält der Stresszustand zu lange an, geht das an die körperliche Substanz. Daher wird auch unser Immunsystem durch Beziehungsprobleme belastet. Es scheint nämlich, dass sich die Ehe bei Männern eher auf ihre *physische* Gesundheit, bei Frauen eher auf ihr *psychisches* Wohlbefinden positiv auswirkt.« [1]

Deutlich wird:

- Einsamkeit und Einsamkeitsgefühle sind in erster Linie Probleme des Alleinseins.
- Freiwillige und unfreiwillige Singles sind häufiger einsam und unzufrieden mit ihrem Leben.
- Der feste Partner sorgt in der Regel für ein gutes Wohlbefinden.
- Verheiratete Männer verfügen prozentual über die höchste Zufriedenheit.
- In der Not rücken die Menschen zusammen. Sozialer Kontakt wird besonders in beängstigenden und bedrohlichen Situationen gesucht.
- Auch wenn Nähe und Distanz in festen Beziehungen unterschiedlich gelebt werden, empfinden distanzierte Partner doch ein hohes Maß an Zufriedenheit. Für den nähebedürftigen Partner bleibt diese hohe Zufriedenheit oft ein Rätsel, weil er von sich ausgeht und mehr Nähe, Austausch und Intimität benötigt.

Wie zufrieden sind Sie in Ihrer Beziehung?

Ein Selbsterforschungsfragebogen

1. Wie zufrieden sind Sie im Großen und Ganzen mit Ihrer Beziehung?

Gar nicht zufrieden — **sehr zufrieden**

1 2 3 4 5 6 7

2. Wie gut ist Ihre Beziehung im Vergleich zu den Beziehungen der Paare, die Sie kennen?

Gar nicht gut — **sehr gut**

1 2 3 4 5 6 7

3. Wie oft wünschen Sie sich, dass Sie diese Beziehung lieber nicht hätten?

Sehr oft — **nie**

1 2 3 4 5 6 7

4. Haben sich Ihre ursprünglichen Erwartungen an die Partnerschaft erfüllt?

Nein — **Ja**

1 2 3 4 5 6 7

5. Wie sehr lieben Sie Ihren Partner?

Wenig — **sehr**

1 2 3 4 5 6 7

6. Gibt es viele Probleme in Ihrer Beziehung?

Ja — **Nein**

1 2 3 4 5 6 7

7. Wie gut erfüllt Ihr Partner Ihre Wünsche und Bedürfnisse?

Nicht gut — **sehr gut**

1 2 3 4 5 6 7

8. Können Sie Freud und Leid, Schönes und Belastendes gemeinsam vor Gott bringen?

Nein — **Ja**

1 2 3 4 5 6 7

9. Können Sie Nähe und Distanz, die Ihre Partnerschaft kennzeichnet, zufrieden stellend gemeinsam lösen?

Nein — **Ja**

1 2 3 4 5 6 7

Auswertung des Selbsterforschungsfragebogens »Wie zufrieden sind Sie mit Ihrer Beziehung?«

1. Kreuzen Sie bitte die Zahlen bei jeder Frage an, die Ihren Vorstellungen entspricht.

2. Wenn Sie zwischen 48 und 53 Punkte ermittelt haben, gehören Sie zu den 1600 Personen, die weitgehend mit ihrer Partnerschaft zufrieden sind.

3. Wenn Sie unter 42 Punkte haben, sind Sie deutlich unzufriedener als der befragte Durchschnitt.

4. Wenn Sie über 56 Punkte ermittelt haben, gehören Sie zu den Menschen, die weit über dem Durchschnitt mit ihrer Beziehung zufrieden sind.

5. Die achte Frage klärt Ihre Partnerschaft in Bezug auf den christlichen Glauben. Wenn Sie zwischen 4 und 7 angekreuzt haben, können Sie dankbar sein, dass Sie gemeinsam Freud und Leid vor den lebendigen Gott bringen können.

Abhängigkeit – Unabhängigkeit

Etwa ab dem 4. Lebensjahr wächst das Gemeinschaftsgefühl, und der Wunsch verstärkt sich, mit anderen Kindern zusammen zu sein. Immer mehr behauptet sich der Mensch selbst, sucht Kontakt nach außen, geht Freundschaften und Bindungen ein. Vor allem in der Pubertät, der zweiten großen Ablösungsperiode, verstärkt sich das Gesellungsbemühen. Der junge Mensch schließt sich Gruppen an, er erkennt verbindliche Werte und Spielregeln und erfährt größere Selbstständigkeit.

Zweifellos kann dieser Verselbstständigungsprozess gestört werden:

***Möglichkeit 1:* Eltern halten ihre Kinder fest**
Die Kinder klammern sich ängstlich an ihr Elternhaus. Selbstständigkeit und Selbstbehauptung werden blockiert. Die Ichwerdung wird behindert. Es bilden sich Persönlichkeitsstrukturen heraus, die übertrieben abhängig machen. Diese Kinder klammern, gebärden sich hilflos, können nicht loslassen und werden verwöhnt. Eltern und Kinder spielen sich perfekt in die Hände.

***Möglichkeit* 2: Ein Elternteil klammert ein Kind**
Häufig ist die eheliche Beziehung gestört. Der Vater kümmert sich weniger um die Erziehung. Die Mutter fühlt sich nicht genug geliebt, nicht verstanden und leidet in der Ehe. Sie versucht, ein Kind oder mehrere auf ihre Seite zu ziehen. Diese einseitige Erziehung bringt den Vater weiter ins Abseits. Oft betont die Ehefrau, dass sie diese Aufgabe übernehmen müsse, weil der Mann sich zu wenig um die Kinder kümmere.

***Möglichkeit* 3: Verwöhnung und Überbeschützung**
Verwöhnung und Überbeschützung sind heute neben Inkonsequenz die häufigsten Erziehungsfehler. Viele Eltern und Erzieher sind verunsichert, wollen nicht mehr hart und autoritär erziehen, aber praktizieren heute das Gegenteil.

Verwöhnung erzieht *Tyrannen.*
Verwöhnung erzieht *Egoisten.*
Verwöhnung erzieht *durchsetzungsstarke Menschen.*
Überbeschützung erzieht *Hilflose.*
Überbeschützung erzieht *Schwache.*
Überbeschützung erzieht *Anlehnungsbedürftige.*

Es leuchtet ein, dass Verwöhnte und Überbeschützte als Erwachsene wiederum Partner suchen, die verwöhnen, die geben, Fürsorge betreiben und die Verantwortung für die Partnerschaft übernehmen. Diese Beziehungen sind nicht im Gleichgewicht. Wirkliche Partnerschaft wird nicht praktiziert. Geben und Nehmen, Schenken und Beschenktwerden, Gelten und Gelten- lassen sind nicht ausgewogen. Ein Partner ist der Abhängige.

Der Abhängige liefert sich dem Partner aus

Der Abhängige verzichtet auf eigene Wünsche,
er hängt an den Lippen des Gefährten,
er zeigt wenig Ich-Stärke und Stehvermögen,
er hegt übertriebene Erwartungen,

- dass der Partner ihn mehr liebt als sich selbst.
- dass der Partner immer gegenwärtig ist und sich in wacher Aufmerksamkeit um den anderen kümmert.
- dass der Partner sein ausgeprägtes Eigenleben aufgibt.

Die Folgen liegen auf der Hand:

- Der Partner fühlt sich in seiner Selbstverwirklichung gehindert.
- Der Partner versucht bewusst oder unbewusst zu fliehen.

- Der Partner fühlt sich mehr oder weniger vergewaltigt.
- Der Partner versucht, sich beruflich oder ehrenamtlich aus der Zwangsjacke zu stehlen.
- Der Partner wird stumm und praktiziert abweisende Verhaltensweisen.
- Der Partner geht unter Umständen fremd, weil er dem Gefängnis entkommen will.

Der Abhängige und Nähesuchende wird bitter, fühlt sich verraten und getäuscht. Er macht Vorwürfe, stürzt sich in Rache- und Hassgefühle hinein und zerstört jetzt erst recht die Beziehung. Große Abhängigkeit und übertriebene Nähe bewirken das Gegenteil der ursprünglichen Absicht: Sie stoßen ab.

Ehe sprengend wird die fruchtbare Spannung dann, wenn die Partner sich in bösen *Du*-Botschaften bekriegen:
»*Du* frisst mich mit Haut und Haaren!«
»*Du* vereinnahmst mich total!«
»*Du* kontrollierst mich auf Schritt und Tritt!«
»*Du* spionierst hinter mir her!«
»*Du* lässt mir keine Luft zum Atmen!«
Wo liegen die Fehler der Eheleute?

- Jeder glaubt, dass er sich nur verteidigt oder wehrt. Zwei Menschen, die sich verteidigen, liegen jedoch zum Kampf gerüstet auf der Lauer. Ihre Verteidigungsbereitschaft untergräbt eine gute Kommunikation.
- Beide akzeptieren nicht die Eigenart des anderen. Sie interpretieren Ehe, Liebe und Intimität aus ihrer subjektiven Sicht und stehen sich feindlich gegenüber. Sie bemühen sich nicht um Gemeinsamkeiten, sondern beklagen ihre Unverträglichkeit.
- Beide klagen sich an, suchen die Schuld beim anderen. Beide verstärken ihre Vorwürfe und vergrößern die Kluft unaufhörlich.

Nähe- und Distanztyp planen ihre Wohnungseinrichtung

Können Sie sich vorstellen, dass beide damit Probleme haben? Ein Beratungsbeispiel mag das verdeutlichen.

Eines Tages erscheint ein jung verheiratetes Paar in der Beratung. Sie ist ein Typ mit flinker Zunge und äußerst beweglich. Sie geht schnell und redet mit Händen und Füßen. Er hört geduldig zu, sitzt ruhig auf seinem Platz und bewegt kein Glied. Seit einem Vierteljahr verheiratet sind sie bei der Wahl ihrer Wohnungseinrichtung so richtig in Streit geraten. Er liebt ihre schnelle und dynamische Art, sie reißt ihn mit und hat ständig tausend Ideen. Er ist ein bedächtiger, langsamer und gründlicher Computerfachmann. Beide lieben die Gegensätze des Partners und erkennen darin eine wunderbare Ergänzung.

Nur die Planung ihrer Wohnungseinrichtung stellte ihre Toleranz auf eine harte Probe. Da beide unterschiedliche Vorstellungen von Wohnzimmer und Schlafzimmer hatten, beschlossen sie gemeinsam: Der Mann kauft das Wohnzimmer, die Frau kauft das Schlafzimmer.

Es dauerte sehr lange, ehe er die Teile des Wohnzimmers zusammen hatte. Gründlich wie er war, hatte er sich in fünf Möbelgeschäften Entwürfe, Vorschläge und Kostenvorstellungen eingeholt. Dann rückte das Möbelhaus mit den Gegenständen an. Die Frau hatte einige Bedenken, aber sie war flexibel und dachte großzügig.

Dann ging die Frau los – ohne ihren Mann – und kaufte spontan in einem bekannten Einrichtungshaus ein wunderschönes französisches Bett. Das französische Bett ist typischerweise aus einem Stück, hat keine Ritze zwischen den Betten und nur ein gemeinsames Oberbett.

Als alles angeliefert und im Schlafzimmer aufgestellt wurde, ging der Mann mit seiner lieben Frau hinein, um das kostbare Stück zu bestaunen. Sie hing glücklich in seinem Arm und strahlte ihn an. Nach kurzer Zeit verzog sich sein Gesicht.

Verwirrt schaute er seine Frau an und fragte:
»Da ist ja nur ein Oberbett, wo soll ich denn schlafen?«
Die junge lebhafte Frau hatte große Schwierigkeiten, ihren Mann zu verstehen. Sie ging von *ihren* Fantasien, von *ihren* Wünschen und *ihren* Bedürfnissen aus.
Was zeigt diese kleine Geschichte?

- Der Nähetyp und der Distanztyp haben völlig unterschiedliche Vorstellungen vom Schlafzimmer und vom miteinander Schlafen.
- Der Nähetyp möchte so nahe wie möglich am Partner schlafen und ist mit einem Oberbett bestens bedient.
- Der Distanzierte braucht Abstand, will nicht eingeengt werden und erwartet viel Platz für sich.

- Der Distanztyp als Mann will selbstverständlich auch Nähe, aber lediglich für zärtliche Augenblicke und sexuelle Gemeinsamkeiten. Ansonsten benötigt er *viel* Platz, *viel* Freiraum und *viel* Abstand.

Woran erkennen Sie Nähe- und Distanzmenschen?

An vielen Verhaltens- und Einstellungsmustern sind Nähe und Distanz ablesbar. In der Paarbeziehung mache ich gerne einen einfachen Test, um Nähe und Distanz in der Beziehung auszuloten.

Ich lege einen Gegenstand in die Mitte des Tisches, beispielsweise ein Lineal. Dann sage ich:

»Dieses Lineal soll die Ehe darstellen oder die Mitte Ihrer Beziehung. Es gibt Partner, die brauchen mehr Abstand von der Mitte dieser Beziehung, und es gibt Partner, die wollen viel Nähe und einen möglichst engen Kontakt zum anderen. Nehmen Sie bitte mal einen Bleistift oder einen Kugelschreiber, der jeweils Sie kennzeichnet, und legen ihn so, wie Sie Nähe und Distanz zueinander verstehen.«

Dieser Test offenbart sofort die unterschiedlichsten Charaktere. Viele Frauen sind häufig die Ersten, die spontan den Bleistift direkt neben das Lineal legen, manche am liebsten mitten drauf.

In der Regel sind die Männer die Bedächtigen. Sie lassen sich Zeit, beobachten die Partnerin genau und legen dann Bleistift oder Kugelschreiber 5-10 Zentimeter entfernt auf der anderen Seite des Lineals ab. Nicht wenige Frauen beginnen zu weinen, weil sie entsetzt sind und die »unüberbrückbare Distanz« nicht verstehen können.

Nicht selten ist es in der Tat umgekehrt: Männer, die nähe- und kontaktbedürftig sind, legen den Stift ganz nahe an das Lineal, und die Partnerin wählt einen größeren Abstand. Die Gespräche, die sich daraus ergeben, sind in der Regel fruchtbar. Jeder begründet seine Vorlieben und Erfahrungen, die er im Leben gesammelt hat. Da gibt es die *Sachtypen:*

Sie bevorzugen

- mehr Abstand,
- mehr Zeit für sich,
- mehr Raum für sich,
- mehr Gelegenheit für ihre Hobbys,
- mehr Zeit zum Nachdenken.

Da gibt es *die Beziehungstypen:*

Sie bevorzugen

- mehr Nähe,
- mehr Gespräche,
- mehr Austausch,
- mehr Intimität,
- mehr Unabhängigkeit.

Als meine Frau und ich noch mit Ehepaargruppen arbeiteten, haben wir in der Regel eine Partnerübung praktiziert. Wir baten Mann und Frau, sich so gegenüber zu stellen, dass jeder das Gefühl hat, einen positiven Abstand vom anderen zu haben. Auch hier gaben die anschließenden Gespräche mit den Paaren viel Aufschluss über Nähe und Distanz. Deutlich wurde:

- Der eine kann es nicht nah genug bekommen.
- Der andere bekommt Angst.
- Der eine will fast körperlich mit dem anderen verbunden sein.
- Der andere fühlt sich erdrückt und eingeengt.

Auch der Umgang mit Tieren verdeutlicht, wie Frauen und Männer Nähe und Distanz erleben. Es gibt Partner, die *Katzen* als Haustiere lieben, und es gibt Partner, die gern *Hunde* um sich haben. Katzen können schmusen und schnurren, aber es sind in der Regel eigenwillige und sehr selbstständige Tiere.

Katzen kommen, wann sie wollen.
Katzen gehen, wann sie wollen.
Katzen sind in der Regel Einzelgänger.

Hunde schwänzeln ständig um Herrchen oder Frauchen herum.
Hunde sind abhängig.
Hunde sind hörig.
Hunde reagieren auf den Augenwink.

Was drücken Frauen und Männer damit aus, dass sie eher einen Hund oder eine Katze bevorzugen?

- Wollen Mann oder Frau ein Tier, das selbstständig lebt und kommt, wann es will?
- Sucht der Mann eine Partnerin, die selbstständig und selbstbewusst wie eine Katze an seiner Seite lebt?

- Will der Mann eine Partnerin, die an seinen Augen und Lippen hängt und auf einen Fingerzeig sich um ihn kümmert?
- Sucht die Frau einen Partner, mit dem sie ständig zusammen ist, der – wie ein Hund – nicht von ihrer Seite weicht?
- Sucht die Frau einen Partner, der sie mit wachen Augen belauert und springt, wenn es ihr gefällt?

Welche Gedanken fallen Ihnen ein, wenn Sie an Hund und Katze denken? Welche Wünsche an Ihren Partner verbinden Sie mit Hund und Katze?

Motive der distanzierten Persönlichkeit

Die Motive der distanzierten Persönlichkeit können ganz unterschiedlich sein. Was haben diese Menschen in Kindheit und Jugend erlebt?

- Der eine wurde zurückgesetzt.
- Der andere fühlte sich nicht ernst genommen.
- Der Dritte wurde entthront.
- Der Vierte wurde seelisch vernachlässigt.
- Der Fünfte wurde von Freunden ausgeschlossen.
- Der Sechste hat sich als nicht liebenswert empfunden.

Es gibt sicher weitere Motive, die Kinder und Erwachsene veranlasst haben, sich von Menschen zu distanzieren und eigene Wege zu gehen und zu suchen. Die einen leben enttäuscht und verbittert mit ihrer Distanz, andere erleben sie positiv und können Menschen nicht verstehen, die sie bedauern und bemitleiden. Nicht wenige distanzierte Menschen suchen die Stille, brauchen Abgeschiedenheit und lösen ihre kleinen und großen Probleme mit sich selbst und mit Gott.

Ein Seelsorgebeispiel spiegelt den Hintergrund für Distanz wider.

Ein älteres Ehepaar suchte mich auf. Die Frau litt seit Jahren unter dem »stummen Mann«, der sie »angeblich« liebte, es aber nie sagte und hilfsbereit neben ihr her lebte. Er las die Wünsche von ihren Augen ab, half ihr im Haushalt, im Garten und beim Einkaufen. Aber er redete nicht. Er schwieg. Viele Probleme verarbeitete er in seinem Innern. Er kam aus Ostpreußen und erzählte mir das folgende frustrierende Erlebnis, das er als Vierjähriger durchlitt:

»Ich komme von einem Bauernhof in Ostpreußen. Meine Eltern hatten viele Kinder. Alle arbeiteten auf dem Hof mit. Ich war der Jüngste. Unsere Felder gingen bis an den Horizont. Eines Tages stand ich in einer Furche eines riesigen Kartoffelfeldes. Nur Kartoffeln, so weit ich sehen konnte. Die Sträucher waren teilweise größer als ich. Die Sonne schien. Vater und Mutter waren ständig beschäftigt. Sie hatten für mich keine Zeit. Ich stand in der Furche und dachte: Ich brauche euch auch nicht. Ich komme allein durch die Welt.«

So weit diese frühkindliche Erinnerung.

Die Frau fing an zu weinen. Sie fasste ihren Mann an der Hand. Der Mann verzog keine Miene, aber er drückte auch die Hand seiner Frau.

Das ist *eine* Möglichkeit, wie Distanziertheit entstehen kann. Die teilweise unverstandenen Ziele des Mannes im späteren Leben lauteten:

»Ich will von niemandem abhängig sein.«

»Ich löse meine Probleme allein.«

»Ich kläre nicht mit anderen, ich kläre in meinem Innern.«

»Ich schweige lieber, dann sage ich auch nichts Falsches.«

Viele Männer sind so, denken und handeln so. Aber bei weitem nicht alle. Mit Tränen in den Augen erklärte die Frau: »Jetzt verstehe ich ein wenig von deinem Stummsein.«

Als wir nach dem Gespräch auseinander gingen, beobachtete ich die beiden am Fenster. Hand in Hand gingen sie die Straße entlang.

Motive der nähebedürftigen Persönlichkeit

Auch die Motive der nähebedürftigen Persönlichkeit zeigen unterschiedliche Beweggründe.

- Die eine kann schlecht allein sein.
- Der oder die andere braucht ständig jemand zum Austausch.
- Die Dritte kann nur mit Eltern, Geschwistern und Freunden ihre Probleme klären.
- Die Vierte wurde vernachlässigt, läuft jetzt ein Leben lang allen Menschen hinterher.
- Die Fünfte wurde verwöhnt und überbeschützt und sucht Menschen, die diese Verwöhnung fortsetzen.

Nähebedürftige Menschen klären Fragen und Probleme durch Sprechen mit anderen Personen. Sie können schlecht mit sich Schwierigkeiten und Probleme aushandeln. Von klein auf sind sie es gewohnt, laut zu denken und andere ins Gespräch mit einzubeziehen. Diese Eigenart gilt für beide Geschlechter, auch wenn Frauen eher dazu neigen.

Wie Nähebedürfnis und Abhängigkeit einen Menschen in große Konflikte bringen können, zeigt ein Beratungsbeispiel:

Eines Tages erschien eine junge Dame. Sie gab sich verschämt und war verlegen. Sie sagte:

»Ich habe ein Problem, das ich nicht verstehe. Wenn ich es Ihnen erzähle, was ich getan habe, müssen Sie mich verachten. Als gläubige Christin verstehe ich es erst recht nicht. Ich hasse mich selbst. Ich falle immer wieder rein. *(Sie schweigt eine Zeit lang, schaut auf den Boden und sucht nach Worten.)* Ich bin in den letzten zwei Jahren zweimal vergewaltigt worden. Gegen meinen Willen. In den Gerichtsverhandlungen haben zwei Richterinnen mir kein Recht gegeben und mir geraten, ich bräuchte dringend eine therapeutische Behandlung. Ich spüre selbst, dass ich etwas falsch mache. Als Kind bin ich mehrere Male von Verwandten verführt worden. Ich will nicht mehr daran denken. *(Sie schlägt die Hände vors Gesicht und beugt ihren Kopf tief in den Schoß.)* Und dann muss ich Ihnen noch etwas Schreckliches berichten. Vor drei Jahren habe ich abgetrieben. Die Männer wollten nur mit mir schlafen. Keiner blieb bei mir. Eigentlich bin ich gutgläubig und vertrauensselig. Heute bin ich krankhaft misstrauisch geworden. Ich sehne mich nach Liebe, aber alle Männer wollten nur mit mir schlafen. Wenn es um Bindung und um Heirat ging, ließen sie mich sitzen. Was habe ich an mir, dass ich einen Mann nicht halten kann? Was mache ich falsch, dass alle Beziehungen scheitern?«

Es fanden eine Reihe Gespräche statt. Viele Einzelheiten lasse ich beiseite und versuche, einige Schlussfolgerungen zu ziehen:

Schlussfolgerung 1: Als Kind wurde die Frau vernachlässigt

Die Eltern hatten ein Baugeschäft, waren ständig beschäftigt, kauften dem Kind teure Spielsachen, gaben ihm aber keine emotionale Zuwendung. Das Kind Annerose wollte geliebt und gemocht werden und entwickelte eine übergroße Freundlichkeit und Liebenswürdigkeit. Alle Menschen strahlte es an, um Zuwendung, liebevolle Blicke und Anteil nehmende Gespräche zu ergattern.

***Schlussfolgerung* 2: Ihre Freundlichkeit ermöglichte die Verführung**
Ein Onkel und ein Vetter nutzten die Sehnsucht nach Liebe und Zärtlichkeit aus, um das Mädchen Annerose zu verführen. Es ließ es willig geschehen und glaubte ernsthaft, besonders geliebt und gemocht zu werden. Zwischen sechs und zehn Jahren war es oft zu Besuch beim Onkel und beim Vetter, die im Nachbarort wohnten. Die beruflich strapazierten Eltern waren glücklich, dass das Kind untergebracht war und ahnten nicht, was dem Mädchen widerfuhr.

***Schlussfolgerung* 3: Sexuelle Freundschaft in der Pubertät**
Schon mit 14 Jahren hatte sie einen Freund, der in der Nachbarschaft wohnte. Beide gingen zur höheren Schule, hörten gemeinsam Musik und machten zusammen Hausaufgaben. Es kam schnell zu sexuellen Kontakten. Das Mädchen konnte nicht allein sein und verstand es, den Jungen täglich ins Haus zu locken. Es kam fast täglich zu sexuellen Spielen, so dass das Mädchen glaubte, die Sexualität sei die Basis wahrer Liebe. Auch zu zwei anderen Jungen in der Klasse kam es zu kurzfristigen Freundschaften, die regelmäßig zu sexuellen Kontakten führten.

***Schlussfolgerung* 4: Mit 18 Jahren erfolgten zwei Vergewaltigungen**
Mit 16 Jahren war die höhere Schule beendet. Zum Abitur reichten die Leistungen nicht. Der Nachbarjunge schaffte ebenfalls die Schule nicht. Die Eltern des Schulfreunds waren längst hinter die sexuellen Beziehungen mit dem Mädchen gekommen und schickten den Jungen nach Norddeutschland zum Onkel in die Lehre als Gas- und Wasser-Installateur.

Annerose sollte als Verkäuferin in einem Kaufhaus ausgebildet werden. Ihr offenes und freundliches Wesen mache sie für den Beruf geeignet, hieß es.

Da die Eltern mit Annerose manchen Ärger hatten, kam sie oft erst spät nachts nach Hause. Die Eltern verhandelten mit einer Tante, die im EC beheimatet war. Die kümmerte sich rührend um Annerose und lud sie zu Veranstaltungen in den EC ein.

Um zu gefallen und der Tante und der Leitung des EC zu entsprechen, meldete sich Annerose zur Taufe an. Mit 17 Jahren wurde das Mädchen in einer Landeskirchlichen Gemeinschaft getauft.

Ein Jahr ging alles gut, dann geschahen innerhalb von vier Wochen zwei Vergewaltigungen. Annerose erstattete Anzeige, weil sie sich dem Pastor der Gemeinschaft anvertraut hatte. Wie schon angedeutet: Die Richterinnen sprachen die Männer vom Motiv der Vergewaltigung frei, denn Annerose hatte mitgemacht und sich nicht gewehrt. Zum ersten Mal wurde der jungen Frau bewusst, dass Liebe mehr bedeutet als Geschlechtsverkehr. Sie hatte zum ersten Mal erlebt, dass beide Männer anschließend nichts mehr mit ihr zu tun haben wollten. Ihre Enttäuschung war grenzenlos. Ihre Verbitterung ebenso. Am liebsten hätte sie mit allen Männerliebschaften gebrochen. Aber die Einsamkeit machte ihr zu schaffen. Die Tante hatte ihr ein Zimmer angeboten und ihr alle männlichen Besuche untersagt. Annerose war glücklich und enttäuscht zugleich.

Die Lehre als Verkäuferin hatte sie beendet.

***Schlussfolgerung 5:* Ist Annerose sexuell triebhaft?**

Das hatten die Richterinnen im Prozess behauptet. Auch der Pastor der Landeskirchlichen Gemeinschaft war dieser Meinung. Sie gesteht aber, dass sie bei allen sexuellen Kontakten, die sie gehabt hat, nur selten zum Orgasmus gekommen ist. Sie will um ihrer selbst willen geliebt werden. Sie will in erster Linie ernst genommen und verstanden werden. Sexuell empfindet sie meist nichts. Sie hat es geschehen lassen, weil sie Liebe, Verständnis, Zuwendung und Zärtlichkeit erwartet hat. Annerose spürte, dass ihre Liebenswürdigkeit auf Männer verführerisch wirkte und sexuelle Ambitionen weckte.

Schon als Kind hatte sie gelernt: Wenn du keinen eigenen Willen entwickelst, wenn du gefügig und gehorsam bist, mögen dich die Menschen. Ihre Entscheidungsschwäche und Willenlosigkeit hatten den Zweck, nicht anzuecken und den anderen bestimmen zu lassen.

***Schlussfolgerung 6:* Der Weg in die Unabhängigkeit ist weit**

Annerose wurde vernachlässigt. Die Eltern hatten keine Zeit. Das Mädchen lief am Rande mit. Es konnte und wollte nicht allein sein.

Weil es ausgesprochen hübsch und liebenswürdig war, für Liebe und Zuwendung sehr empfänglich, wurde es schon in jungen Jahren verführt und missbraucht. Der Missbrauch geschah niemals brutal, so dass ein völlig falsches Gefühl für Liebe entstand.

Annerose erkannte nach und nach ihre falschen Liebesvorstellungen, ihre unrealistischen Erwartungen an Männer, und sie verstand ihre verführerischen Reize, die sie anfänglich für wahre Einladungen hielt, ihr echte Liebe zu schenken.

In der kirchlichen Gemeinschaft fand sie ein wirkliches Zuhause, eine echte Glaubensgemeinschaft und ein Therapeutenehepaar, das sich rührend um die junge Frau kümmerte. Bevor sie einen gläubigen Lebensgefährten fand, erlebte sie noch einige hässliche Abenteuer, die ihr immer wieder die Augen öffneten, aber halfen, später ein normales Eheleben zu führen.

Nähe und Distanz sind Lebens-, Liebes- und Erziehungsherausforderungen. Sie können gemeistert werden, wenn beide Partner die Hintergründe, die Entstehungsgeschichte und den Werdegang von Nähe und Distanz verstanden haben. Nur wer sich in den anderen hineinversetzt und seine tiefsten Erwartungen und Empfindungen teilt, kann Nähe und Distanz als fruchtbare Ergänzung leben.

KAPITEL 4

DIE SCHACHSPIELERIN UND DER LUFTIKUS

Ein Ehepaar kommt in die Beratung.

Sie ist 42 Jahre alt, ehemalige Hauwirtschaftsleiterin. Sehr genau, absolut pünktlich, zuverlässig, hat alles im Griff und im Auge.

Sie wirkt etwas distanziert, spricht wenig. Was sie sagt, hat alles Hand und Fuß. Sie lächelt wenig, ist aber keineswegs unfreundlich.

Das Paar hat drei Kinder im Alter von 15, 13 und 6 Jahren.

Er ist 45 Jahre alt, Deutschlehrer, spricht gepflegt, ein charmanter Typ.

Ich: »Was führt Sie zu mir?«

Er (schaut seine Frau an, wartet, ob von ihr ein Zeichen kommt und beginnt): »Also, ich habe große Probleme damit, meine Frau zu verstehen. Ich stelle eine ganz einfache Frage und bekomme keine Antwort. Irgendwie ist sie weggetreten, ich vermute, sie ist gar nicht da. Ich vergewissere mich, ob sie meine Frage verstanden hat. Das ist in der Regel der Fall, aber es kommt nichts. Oder sie behandelt mich wie einen Laufjungen. Ich lasse mich nur sehen, dann muss ich für sie springen. Alles Lappalien, die sie geregelt haben möchte. Sie muss doch eine sadistische Freude daran haben, mich herumzukommandieren. Sie sagt auch nicht bitte, sie erwartet es einfach.«

Ich: »Bevor wir uns das Ganze näher anschauen, möchte ich gern den Arbeitsauftrag von Ihnen wissen. Was erwarten Sie konkret von diesem Gespräch?«

Er: »Für mich ist das Wichtigste zu begreifen, was da zwischen uns abläuft. Ich verstehe es absolut nicht.«

Ich: »Frau Ewald (Name geändert), was erwarten Sie von dem Gespräch?«

(Sie schaut mich mit großen Augen an. Es dauert lange, bis sie antwortet. Ich spüre, dass der Mann unruhig auf seinem Stuhl sitzt und zwei Anläufe unternimmt, dazwischen zu gehen. Mit einer deutlichen Handbewegung versuche ich, ihn zum Schweigen zu bringen.)

Sie: »Ich bin genauso unglücklich wie mein Mann. Aber mir gehen viele Dinge durch den Kopf, die ich zunächst klären muss. Vorher kann ich nicht antworten.« – Lange Pause –

»Ich möchte diese Schwierigkeiten auch verstehen, denn nur selten können wir ein vernünftiges Gespräch führen.«

Ich: »Herr Ewald, Sie haben zwei konkrete Probleme geschildert.

Frau Ewald, was liegt Ihnen am Herzen?«

(Sie schaut mich wieder mit großen Augen an. Mit einem Seitenblick sehe ich, wie der Sekundenzeiger tickt. Frau Ewald braucht 47 Sekunden, bis sie antwortet. Herr Ewald trommelt unruhig mit den Fingern auf seinem Oberschenkel. Die Frau reagiert stark angespannt.)

Sie: »Mir liegt daran, dass die unterschiedlichen Gesprächsweisen, die uns kennzeichnen, zur Sprache kommen. Offensichtlich denken wir verschieden, und weil wir verschieden denken, sprechen wir auch verschieden.«

Ich: »Ich stelle fest, Sie beide möchten verstehen, wie Ihre unterschiedlichen Denk- und Gesprächsweisen einzuordnen sind? – Herr Ewald, Sie haben schon eine erste Frage gestellt. Ich gebe sie hoffentlich korrekt wieder: Sie stellen eine einfache Frage und bekommen keine Antwort. Gleichzeitig haben Sie eine Deutung mitgeliefert. Sie halten Ihre Gattin für geistesabwesend.«

Er: »Genau, das ist meine Frage, und das denke ich auch darüber. Es muss doch möglich sein, eine lächerliche Frage spontan und ohne Gehirnakrobatik zu beantworten!«

Ich: »Was wollen Sie damit sagen, dass Ihre Gattin Gehirnakrobatik betreibt?«

Er: »Jede einfache Frage wird zum philosophischen Anspruch. Manchmal habe ich den Eindruck, dass sie mit einer Jahrhundertanalyse antworten will. Mich regt das auf! Ich könnte ständig ausflippen!«

Ich: »Frau Ewald, Sie haben seine Deutung gehört. Wie erleben Sie seine Darstellung?«

Sie (braucht wieder eine lange Zeit des Nachdenkens. Ihr Mann will immer wieder eingreifen. Mir gelingt es nur mühsam, seine Unruhe zu stoppen.): »Ich könnte ausflippen, dass er keine Geduld hat. Seine Unruhe bringt mich in Hochspannung! Die Gedanken überschlagen sich, und die Antworten bleiben aus.«

(Er will wieder einen Kommentar geben, und ich bitte ihn zu schweigen.)

Sie: »Für mich ist das Leben wie ein Schachspiel. Mindestens drei Züge muss ich immer bei kleinsten Entscheidungen im Voraus überschauen können.«

Er: »Wenn ich das Leben wie ein Schachspiel angehen würde, käme ich als Lehrer zu nichts. Wenn ich die Frage stelle ›Ist das Essen schon fertig?‹, kommt nach einer Viertelstunde die Antwort. Inzwischen habe ich drei Hefte korrigiert.«

Ich: »Sie sagten eben, dass die Ungeduld Ihres Gatten Sie in Hochspannung versetzt und die Antworten unmöglich macht. Habe ich das richtig verstanden?«

Sie: »Genau, das ist der Punkt. Manchmal vibriere ich, im Kopf ist Hochbetrieb, aber eine Antwort finde ich nicht. Vor mir sitzt ein Scharfrichter, der zählt und wenn keine Antwort auf Kommando kommt, fällt das Fallbeil!«

Er: »Du bist ja verrückt! Ich ein Scharfrichter, da lachen doch die Hühner! Und du ein Todeskandidat, das müsste ich mal unseren Freunden erzählen!«

Ich: »Frau Ewald, wie kommt es, dass Sie zwei Extrembeispiele bringen? Sie verstehen sich als Schachspielerin und fühlen sich vor Ihrem Gatten wie ein Opfer unter dem Fallbeil?«

(Zum ersten Mal kommt die Antwort sofort. Ihr Mann schaut sie erstaunt an.)

Sie: »Seit meiner Kindheit muss ich alles ernst nehmen. Das Leben ist für mich wie ein Schachspiel. Jeder Zug wird gründlich überlegt.

Leider erlebe ich meinen Mann oft wie einen Scharfrichter. Er sitzt vor mir und wartet wie ein Schießhund auf Antwort. Mich macht das verrückt. Ich zittere vor Angst, aber er sieht nichts. Mein Inneres ist eine einzige Wunde. Ja, ich fühle mich wie ein Opfer!«

(Der Mann schlägt die Hände vors Gesicht.)

Ich: »Mir sind zwei Dinge klar geworden, Frau Ewald. Für Sie ist das Leben wie ein Schachspiel. Jeder Zug muss berechnet werden. Und Ihr Mann übt auf Sie einen massiven Druck aus. Sie erleben ihn wie einen Scharfrichter.«

Er: »Das sind doch die Aussagen einer Kranken. Das muss ich mir doch nicht anhören!«

Ich: »Vermutlich haben Sie seit Jahren darum die starken Kommunikationsstörungen, weil Sie Ihre Gattin in ihrem Sosein nicht ernst nehmen. Auch wenn die Aussagen übertrieben sind, sie fühlt so.

Was wehrt sich in Ihnen, die Empfindungen stehen zu lassen?«

(Der Mann reibt seine Hände, er zwingt sich zur Beherrschung.)

Er: »Und wenn ich sie ernst nehme?«

Sie: »Dann hast du eine Frau, die im Frieden lebt, mit dir und mit sich. Ich würde Gott auf den Knien danken.«

(Frau Ewald kann die Sätze spontan und ohne Qual im Gesicht herausbringen. Von ihrem Stuhl hat sie sich nach vorn bewegt.)

»Er hat mich nie richtig verstanden und ernst genommen. Er hat auf mir herumgehackt, und ich bin innerlich zerbrochen.«

Ich: »Ich unterstelle, Herr Ewald, dass Sie ernsthaft gefragt haben, was geschieht, wenn Sie Ihre Gattin ernst nehmen. Haben Sie mit dieser Antwort gerechnet?«

Er (schaut sie an, über sein Gesicht huscht ein Lächeln): »Ich kann es ja mal versuchen.«

Ich: »Wollen Sie es ernsthaft versuchen?«

Er: »Ich will es. Ich verspreche es.«

(Die Frau springt von ihrem Stuhl auf und küsst ihren Gatten auf den Mund.)

Er: »Ich verstehe die Welt nicht mehr!«

(Er schüttelt ratlos seinen Kopf.)

Sie: »Du sollst auch nicht die Welt in erster Linie verstehen, sondern mich! Du hast mich bekämpft, also liebst du mich, oder ist das ganz falsch?«

Er (schaut sie an und sagt ganz leise): »Ich habe dich für verrückt gehalten, Gott möge mir vergeben. Ich habe aushalten wollen und habe mich im Recht gesehen.«

Sie (schaut ihn an und sagt liebevoll):

»Und ich habe dich für einen Luftikus gehalten, für ein Leichtgewicht, der Menschen quält und seelisch missbraucht.«

Der Mann wendet sich mir zu und sagt:

»Wir sind beide Christen, gehen Sonntag für Sonntag in eine Gemeinde, singen Anbetungslieder und gehen so miteinander um. Können Sie das verstehen?«

Ich: »Ich versuche es zu verstehen. Sie haben sich beide gründlich missverstanden. Jeder hat den anderen falsch gedeutet.«

Sie: »Seit einigen Minuten kann ich frei atmen. Ich wundere mich selbst, dass ich sofort antworten kann.«

(Sie atmet einige Male tief durch. Er beobachtet sie und schaut sie von oben bis unten an.)

Er: »Ich kann es nicht begreifen. Was ist denn nur geschehen?«

Sie: »Wenn du wie ein Ehemann fragst, wie ein Liebender und wenn du geduldig auf Antwort wartest, wenn du mich zärtlich anschaust, wie jetzt, dann erlebe ich keine Blockaden, keine Schmerzen, dann tut nichts weh! Ich glaube, dann bin ich eine andere Frau!«

Er: »Mir war es immer ein Rätsel, warum du so gestresst warst.

Aus jeder Lappalie hast du ein Drama gemacht. Ich habe dich niemals locker erlebt.«

Sie: »Und mir war es ein Rätsel, wie ein gebildeter Mann so barbarisch und grausam einen Menschen foltern kann.«

Er (zieht die Stirn in Falten, will lospoltern, bremst im letzten Augenblick seine Stimme):

»Ich habe dich gefoltert?«

Ich (versuche zu vermitteln): »Gefühle sprechen die subjektive Wahrheit. Ihre Gattin hat sich gefoltert *gefühlt!*«

Er (schaut mich verwundert an):

»Sagen Sie, können zwei Menschen, die so grundverschieden sind, überhaupt zusammen in Frieden leben?«

Ich: »Für meine Begriffe können Sie es, wenn *beide* sich gelten lassen, wenn *beide* sich ernst nehmen, wenn *beide* die Gefühle des anderen stehen lassen! Wenn jeder den anderen abwertet, geht es nicht.«

Er (seufzt):

»Ich kann es versuchen!«

Ich (bleibe fest):

»Ihre Vorbehalte sitzen so tief, dass Sie keinen Versuch durchhalten werden. Nur wenn Sie alle Vorbehalte und Vorurteile in Ihrem Herzen kommentarlos streichen, werden Sie gut und liebevoll miteinander kommunizieren. In unserem Gespräch spüren Sie, dass es geht.«

(Der Mann schaut seine Frau liebevoll an, nur auf der Stirn tummeln sich noch einige Falten. Sie rutscht ihm wieder auf ihrem Stuhl ein Stück entgegen. Mit der linken Hand versucht sie, auf seiner Stirn die Falten zu glätten. Er lässt sie gewähren und schaut fragend in ihre dunklen Augen.)

Er: »Ich weiß, dass ich es anders kann!«

(Ihre Stimme klingt zuversichtlich.)

Sie: »Von dir werde ich mich nicht mehr auf den Opferstuhl setzen lassen. Ich muss nicht mehr waidwund vor dir leiden! Weiß der Himmel, warum ich es getan habe!«

(In ihm gärt es noch einmal.)

Er: »Ich bin jeden Tag so wütend geworden, wenn du mich angeschwiegen hast. Gleichzeitig war ich hilflos und habe mit Worten getobt.«

Sie: »Du weißt ja auch nicht, dass ich zwei Magengeschwüre habe, die schmerzhaft vor sich hin leiden. Ich wollte niemals dein Mitleid. Ich will deine Liebe!«

Er (fasst ihre Hand):

»Unglaublich. Ich habe dich für krank und liebesunfähig gehalten!«

»Und jetzt?«, fragt sie zärtlich und hält seine Hand.

»Wir können es ändern.«

Ihre dunkelbraunen Augen glänzen:
»Nein, wir werden es ändern!«

Was vermittelt dieses Beratungsbeispiel?

Es haben noch etwa 15 Gespräche im Lauf eines Jahres stattgefunden. Die Abstände zwischen den Gesprächen wurden ständig vergrößert. Beide lernten, die versteckten Motive ihrer gegenseitigen Abneigung zu verstehen. Beide waren schlimmen Vorurteilen und negativen Selbsteinreden zum Opfer gefallen. Beide sehnten sich nach Liebe und praktizierten das Gegenteil.

Die meisten *Motive* für unsere Lebenseinstellung, für unsere Umgangs- und Reaktionsmuster werden im Elternhaus ausgebildet. Anlage, Erziehung und die Schlüsse, die das Kind aus seinen Erfahrungen mit Eltern, Geschwistern und anderen Personen zieht, bilden die Fakten, die unseren Lebensstil bestimmen.

Diese Überzeugungen und Strategien prägen unser Denken und Verhalten, bestimmen die Partnerwahl und spiegeln sich im Eheleben wider.

Solange Frau und Mann nur ihre eigenen Einstellungs- und Umgangsmuster für richtig, normal, gesund und partnerschaftlich halten, werden beide große Probleme im Zusammenleben bekommen.

In dem Augenblick, wo es gelingt, dass beide Partner die Lebenseinstellungen, Überzeugungen und Umgangsmuster des anderen ernst nehmen und anerkennen, werden die Konflikte geringer, Machtkämpfe werden schwächer und die Zuneigung der Partner wächst.

Als »die Schachspielerin und der Luftikus« ihre Lebensgrunderfahrungen und Überzeugungen dem Partner verständlich machen konnten, platzte ein Knoten, der die gegenseitigen Spannungen verringerte und die Liebe füreinander wieder wachsen ließ. Beide waren – vor der Ehe – sehr verliebt, konnten sich mit dem anderen identifizieren und hatten keine Austauschprobleme.

Jeder Partner lernte allmählich, das Gewordensein des anderen aus Gottes Hand zu nehmen und zu akzeptieren. Bis zu den Gesprächen glaubte er, er müsse eine Kranke, sie glaubte, sie müsse einen Sadisten aus Gottes Hand nehmen. Der Teufel ist in der Tat ein »Durcheinanderbringer«.

Aus einem beziehungslosen Nebeneinander wurde ein gottgewolltes Miteinander.

KAPITEL 5

EINE ZEIT DER TRENNUNG ALS CHANCE ZUM NEUANFANG

Einlenken oder ausrasten, einrenken oder trennen?

Wenn es in Ehen kriselt und das Zusammenleben unerträglich wird, ist Trennung eine Möglichkeit, über eine Lösung nachzudenken.

Für schwerkranke Ehen, und die gibt es auch zwischen bewussten Christen, gibt es keine Patentrezepte.

Eine räumliche Trennung ist kein Ende der Partnerschaft.

Eine räumliche Trennung ist keine Scheidung.

Eine räumliche Trennung ist kein Tod der Beziehung.

Eine räumliche Trennung kann eine Chance zum Neuanfang werden.

Beide sollten am Neuanfang arbeiten

Mann und Frau dürfen sich nichts vormachen. Die Ehe ist lebensbedrohlich erkrankt. Die Beziehung steckt in einer gefährlichen Sackgasse.

Die Trennung ermöglicht es beiden, sich Rechenschaft zu geben.

Die Trennung ermöglicht es beiden, über Fehler und Schwächen nachzudenken.

Die Trennung ermöglicht es beiden, *gemeinsam* mit einem Fachseelsorger, Berater oder Eheberater über Wurzeln und Hintergründe der Krise nachzudenken.

Wichtig ist, dass *beide* gehen,

wichtig ist, dass *beide* zu *einem* Berater gehen.

Das schließt nicht aus, dass auch Einzelgespräche geführt werden können. Wenn nur einer der beiden Beratung will und der andere Beratung, Seelsorge oder Therapie ablehnt, ist die Beziehung – menschlich gesprochen – weitgehend gescheitert. Ehe ist eine Zweierbeziehung. Sie sind, biblisch gesehen, »ein Fleisch geworden«.

Beide haben in der Regel die Schwierigkeiten arrangiert,
beide halten sie aufrecht,
beide sollten sie gemeinsam meistern.

Wenn jeder zu einem anderen Seelsorger oder Berater geht, erzählt jeder seine Sicht der Dinge. Dem Vorurteil und dem Selbstbetrug sind Tor und Tür geöffnet. Viele Scheidungen wurden durch diese Doppelberatung erst möglich. Die Schwierigkeiten haben sich in Jahren eingeschlichen, und die Entschuldigungen sind seit Jahren verfeinert worden. Die Betroffenen sind fest von ihren Vorurteilen und Lügen überzeugt.

Als Seelsorger und Therapeut beherzige ich seit Jahren einen Kernsatz:

»Willst du belogen werden – auch von überzeugten Christen –, arbeite nur mit einem Ehepartner!«

Viele Seelsorger arbeiten nur mit einem Partner. Sie glauben, es sei leichter. Denn wenn beide ihre gegensätzlichen Standpunkte vertreten, hat der Seelsorger es schwer, ein so genanntes objektives Urteil zu fällen. Er übersieht,

- dass *beide* die Probleme heraufbeschworen haben.
- dass *beide* sich perfekt in die Hände spielen.
- dass *beide* sich an Zusammenspielmuster halten.

Diese Interaktionsmuster gilt es, aufzudecken und aufzuspüren.

Beide Partner müssen lernen, mit einem Dritten ihre Konflikte zu besprechen. Beide müssen im Ehealltag mit ihren Persönlichkeitseigenarten lernen zurechtzukommen. Ein gemeinsamer Seelsorger verhindert auch, dass widersprüchliche Ergebnisse und Lösungen das Paar zusätzlich belasten. Die Gefahr im Beratungsprozess ist enorm groß, dass ein Seelsorger einseitig einen Ratsuchenden unterstützt und so eine Heilung verhindert.

Mögliche Gründe für eine Trennung auf Zeit

Trennungen sind dann hilfreich, wenn ein Zusammenleben der Eheleute oder das Zusammenleben mit Kindern aus vielerlei Gründen nicht mehr möglich erscheint. Wenn die Beteiligten in einer Art Hölle gelandet sind, wo ein weiteres Miteinander unmöglich wird.

Motiv 1: Ein Ehepartner geht fremd

- Er ist nicht bereit, das Verhältnis aufzugeben.
- Einer der beiden zieht aus.

***Motiv 2:* Ein Partner ist Alkoholiker**

- Er ist nicht bereit, aus Rücksicht gegenüber der Familie eine Behandlung in Angriff zu nehmen.
- Die Trennung kann unter Umständen den Druck erhöhen, für sich und für die Familie eine ernsthafte Behandlung anzusteuern.

***Motiv 3:* Einer der Partner leidet unter einer schweren seelischen Störung**

- Sein Verhalten gegenüber dem Partner und den Kindern ist unberechenbar.
- Ein fruchtbares Zusammenleben ist nicht mehr gewährleistet.

***Motiv 4:* Ein Partner wird gewalttätig**

- Die Frau geht allein oder mit ihren Kindern ins Frauenhaus.
- Die Frau geht zum Jugendamt, bittet um Unterstützung und zieht aus.

***Motiv 5:* Das Zusammenleben mit den Schwiegereltern wird unmöglich**

- Schwiegertochter oder Schwiegersohn wohnen bei den Schwiegereltern.
- Sohn oder Tochter sind von ihren Eltern nicht abgenabelt. Sie halten mit den Eltern zusammen – gegen den Partner.

***Motiv 6:* Zwei Partner sind rechthaberisch und streitsüchtig**

- Beide haben die Eheberatung aufgesucht.
- Beide sind aber nicht einsichtsfähig und kompromissbereit.
- Sie wollen den Machtkampf. Keiner will nachgeben.

***Motiv 7:* Ein Partner kann nicht mit Geld umgehen**

- Er ist spielsüchtig, überzieht Konten oder kauft teure Autos.
- Beratungen bleiben erfolglos. Er wurde einige Male rückfällig. In der Ehe haften aber beide für Schulden.

***Motiv 8:* Ein Partner ist krankhaft eifersüchtig**

- Seine Eifersucht ist wahnhaft. Er sieht seine Krankheit nicht ein.
- Er tyrannisiert und bedroht seinen Partner.
- Er droht, Frau und Kinder umzubringen.

***Motiv 9:* Ein Partner entwertet den anderen**

- Wodurch? Durch problematische Eheverträge, beziehungsweise durch ein egoistisches Verhalten.
- Er ist nicht zu Zugeständnissen bereit.

***Motiv 10:* Unterschiedliche Erziehungsauffassungen**

- Eltern streiten sich ständig vor ihren Kindern.
- Eine autoritäre und eine autoritative Erziehung treffen unüberwindlich aufeinander.
- Ein Partner schlägt und misshandelt die Kinder.

***Motiv 11:* Die Kinder verlassen das Haus**

- Der Mann hat Karriere gemacht und geht in seinem Beruf auf.
- Die Mutter hat sich nur um die Kinder gekümmert.
- Nicht wenige Ehen kommen in schwere Krisen, weil die Ehe vernachlässigt wurde.

***Motiv 12:* Sexueller, körperlicher oder seelischer Missbrauch**

- Kinder sind jahrelang vom Vater, Stiefvater oder von Brüdern sexuell missbraucht worden.
- Kinder haben jegliches Vertrauen verloren, auch zur Mutter, weil sie oft geschwiegen hat.
- Eine Trennung ist oft eine wirkliche Hilfe.

Aus meiner Praxis habe ich diese 12 Motive zusammengestellt, die zu Trennungen geführt haben. Oft hilft die Trennung, dem anderen Partner den Ernst der Lage deutlich zu machen. Wer aus Schwäche oft nachgegeben hat, aber bitter und resigniert blieb, ermutigt den Partner, bei seinem destruktiven Verhalten zu bleiben. Die räumliche Trennung ist ein Alarmsignal, ernsthaft und gründlich über eine gemeinsame Zukunft nachzudenken.

Trennung ohne Beratung ist in der Regel zwecklos

Eins muss klar sein: Trennung löst keine Probleme.

Der Abstand verhindert die täglichen Auseinandersetzungen.

Der Abstand produziert unrealistische Sehnsüchte.

Der Abstand weckt irreale Hoffnungen, aber die unverstandenen Motive im Hintergrund brechen sofort auf, wenn beide wieder zusammenleben.

Die Zeit heilt vielleicht Wunden, aber keine ehelichen Schwierigkeiten.

Solange die Motive für Streit, Rechthaberei, Erziehungsprobleme, mangelnden Geschlechtsverkehr usw. im Dunklen bleiben und keine probaten Lösungen gefunden wurden, brechen alte Konfliktmuster sofort wieder auf, wenn zwei Eheleute es wieder – ohne Beratung – miteinander versuchen.

Welche Schritte sind hilfreich?

Welche Anregungen bietet die Trennungsberatung?

Schritt Nr. 1: Beide erkennen, dass sie gemeinsam die Schwierigkeiten lösen müssen!

Nicht nur *einer* muss etwas tun. Beide sind für ihre Ehe verantwortlich. Wer einem Partner die alleinige Schuld zuschiebt, verhindert in der Regel eine fruchtbare Konfliktlösung.

Schritt Nr. 2: Vergebung ohne Beratungsgespräche macht unzufrieden!

Nicht wenige Christen, die sich verrannt haben und mit großen Schwierigkeiten belastet sind, die getrennt leben und auf ein Wunder warten, treffen sich und geloben, dass sie einander vergeben und einen Neuanfang wagen wollen. Mit großen Hoffnungen ziehen sie wieder zusammen und erleben häufig ein regelrechtes Fiasko.

Warum ist das so?

- Die Hintergründe für ihr destruktives Miteinander haben sie nicht erkannt, und schon nach Tagen fallen beide in ihre alten Kommunikationsmuster zurück. Sie sind enttäuscht über sich. Sie sind enttäuscht über Gott, der ihr ehrliches Vorhaben nicht gesegnet hat.
- Negative Umgangsmuster haben eine Geschichte. Sie sind mit schlechten Erfahrungen gekoppelt. Die wenigsten erkennen diese Hintergründe.

Schritt Nr. 3: Ich muss die Einstellungsmuster des anderen verstehen!

Jeder geht normalerweise von sich aus und hält seine Reaktionsstrategien für richtig und gut. Er hat sich mit ihnen arrangiert. Er liebt und bejaht sie. Der andere ist mit völlig verschiedenen Mustern groß geworden und bejaht sie.

Liebe heißt, ich muss die Einstellungs- und Reaktionsmuster des Partners verstehen.

Liebe heißt, ich muss sie anerkennen und bestätigen können.

Liebe heißt, ich darf die Muster nicht ständig bekämpfen und kritisieren.

Schritt Nr. 4: Es wird nicht zugedeckt, sondern aufgedeckt!

Wenn große Spannungen in Ehen auftreten und die Partner sich räumlich trennen, unternehmen Eltern und Schwiegereltern, Freunde und geistlich Interessierte nicht selten bemerkenswerte Anstrengungen, das Schiff Ehe wieder flott zu bekommen. Sie beschwichtigen, sie überreden, sie bagatellisieren und ermutigen, einen Neuanfang ohne gründliche Analyse zu wagen. Sie raten,

- alles mit dem Mantel der Liebe zuzudecken,
- schlimme Auseinandersetzungen zu vergessen,
- mit Zuversicht und Optimismus einen Neuanfang zu wagen.

Das ist gut gemeint, aber nicht gut. Probleme müssen offen gelegt, aufgedeckt und ins Bewusstsein gehoben werden.

Die unverstandenen Motive sind es, die die destruktiven Umgangsmuster wieder reaktivieren.

Schritt Nr. 5: Wie lauten die Motive für die negativen Zusammenspielmuster?

Die versteckten Motive hinter unseren Interaktionsmustern sind der eigentliche Faktor. Diese oft unverstandenen Motive müssen in Arbeit und ins Gebet genommen werden.

Zum Beispiel: Ein Mann geht fremd. Seine Frau will sich von ihm scheiden lassen, weil er sie betrogen hat. Die Beratung zeigt aber, dass er sich auch betrogen fühlt, denn seit Jahren findet kein Geschlechtsverkehr mehr zwischen den Partnern statt. Die Frau entscheidet sich für eine intensive Sexualberatung. Der Mann verzichtet auf die Beziehung zu einer fremden Frau. Beide können sich vergeben und Gott um Vergebung bitten. Beide finden wieder zusammen und praktizieren eine harmonische Ehe.

Schritt Nr. 6: Erinnern Sie sich an die Zeit vor der Ehe!

Solche gezielten Erinnerungen mit Hilfe des Beraters oder Seelsorgers sind wirksam. Beide waren mal sehr verliebt. Beide fanden viele Vorzüge, um den Partner zu heiraten. Welche Aspekte waren es, die die Wahl entschieden haben? Welche Eigenschaften fanden beide damals attraktiv?

Was haben beide gemacht, dass diese Vorzüge verblassten? Was haben beide angestellt, dass aus Vorzügen Hindernisse wurden?

***Schritt Nr. 7:* Lösungen werden in kleinen Schritten eingeübt!**
Lösungen müssen beiden Partnern einleuchten. Keine Lösung wird übergestülpt. Kompromisse müssen ausgewogen sein. Perfektionisten neigen zu radikalen Lösungen. Sie wollen totale Veränderungen.

Solche Forderungen klingen plausibel, bringen aber beiden mehr Frust als Gewinn.

Kleine Schritte sind hilfreich. Wenn sie gelingen, freuen sich beide und weitere Lösungsschritte werden unternommen. Bei großen Schritten ist die Abwehr enorm groß, *alles* aufzugeben, wenn die Einübung misslingt.

Wenn beide ehrlich wollen, können sie sich auf den Satz im Philipperbrief verlassen: »Denn alles ist mir möglich durch Christus, der mir die Kraft gibt, die ich brauche« (Philipper 4,13) .

KAPITEL 6

ACHT EINSTELLUNGSMUSTER FÜR HARMONISCHE BEZIEHUNGEN

Harmonische Beziehungen fallen uns nicht in den Schoß. Frauen und Männer sind verschieden. Sie haben verschiedene Bedürfnisse und pflegen unterschiedliche Erwartungen. Ihre Geschmäcker und ihre Ansprüche sind jeweils anders. Die Kunst ist es, diese unterschiedlichen Bedürfnisse und Erwartungen aufeinander abzustimmen. Schwierigkeiten in der Kindheit müssen kein Nachteil sein. Machen wir uns unsere Eigenarten bewusst, können sie verändert werden. Alles, was wir erkannt haben, können wir ändern.

Den anderen können wir nicht ummodeln, das ist eine Grundannahme für alle Beziehungsarbeit. Wir alle lernen aus Erfahrungen, wenn wir sie uns bewusst machen. Harmonische Beziehungen sind eine Arbeit zu zweit.

- Ich kann *Verlustängste* abbauen, wenn ich mir eingestehe, unter Verlustängsten zu leiden und nicht den Partner für Lieblosigkeiten und Bindungsunfähigkeit verantwortlich mache.
- Ich kann *Eifersucht* abbauen, wenn ich mir klar mache, dass ich wirklich eifersüchtig bin und nicht dem Partner ständig unterstelle, mit anderen zu flirten und in Gedanken, Worten und Werken fremdzugehen.
- Ich kann *Klammersucht* abbauen, wenn ich mir klar mache, dass ich schon in der Kindheit ständig hinter meiner Mutter hergelaufen bin, wenig Geborgenheit erfahren habe und schlecht allein sein kann. Ich unterlasse es, meinem Partner ständig Vorwürfe und Vorhaltungen zu machen, mich allein zu lassen und sich egoistisch nur um sich zu drehen.

Die *Einsicht* in unsere Schwächen ist der erste Schritt, um harmonische Beziehungen zu gestalten. Ohne Einsicht keine Anstrengungen zur Veränderung der eigenen Defizite.

Welche Einstellungsmuster charakterisieren harmonische Beziehungen? Es gibt Einstellungsmuster in seelsorgerlichen Gesprächen, die ins Auge springen und zufrieden stellende Umgangspraktiken widerspiegeln. Die sind es, die Zufriedenheit und Harmonie garantieren.

***Muster 1:* Die Liebenden leiden nicht an der Vergangenheit**
Sie gehören nicht zu denen, die ständig ihre Eltern, ihre Geschwister, ihre Großeltern und andere für ihre Unzufriedenheit verantwortlich machen. Das heißt nicht, dass sie in der Ursprungsfamilie ungeschoren blieben. Viele haben Schwierigkeiten gehabt, wurden überfordert, vernachlässigt und ungerecht behandelt. Aber sie versuchen, die Erwachsenen zu verstehen, die auch aus Unsicherheit, Dummheit oder falscher Erziehung so gedacht und gehandelt haben. Sie schieben ihnen die Schuld nicht pauschal in die Schuhe. Sie reden sich nicht heraus und unterlassen es nicht, an sich selbst zu arbeiten. Die schlechten Erfahrungen werden von ihnen nicht kommentarlos hingenommen. In der Regel kämpfen sie nicht wie kleine Kinder gegen ihr Unglück an. Sie wissen,

dass nur sie selbst sich aus dem Gefängnis befreien können.

dass nur sie selbst eine andere Einstellung einüben können.

dass nur sie selbst sich für zukünftige Beziehungen wappnen können.

dass nur sie selbst Anklagen vermeiden und das Beste aus ihrer Partnerschaft machen können.

Solange sie schimpfen, mit sich im Unfrieden leben, gegen unangenehme Erfahrungen ankämpfen, das Leben, die Eltern und Gott anklagen, leiden ihre Partnerbeziehungen.

Geduld zahlt sich aus

Da ist Marion, eine fünfunddreißigjährige Lehrerin. Sie wurde geschieden und führt ein Single-Dasein. Sie kommt aus einer Familie mit drei weiteren Geschwistern. Sie ist die Älteste und wurde von beiden Eltern autokratisch erzogen. Auch ihre Eltern waren Lehrer und duldeten – wie zu Kaisers Zeiten – keinen Widerspruch. Selbst kritische Fragen des Kindes wurden abgewehrt. Sie entschieden und fühlten sich als bewusste Christen wie Gottes Bevollmächtigte für ihre Kinder. Die Eltern merkten nicht, dass sie sich ein Recht anmaßten, das keinen Widerspruch duldete. Das Mädchen konnte nur überleben, indem es sich anpasste, jeglichen Widerstand aufgab, um die Liebe der Eltern nicht zu verlieren.

Als Marion in Berlin studierte, kam sie in der Evangelischen Studentengemeinde mit sehr kritischen und rebellischen Studenten in Kontakt.

Marion wurde belächelt und beschimpft, wenn sie die Erfahrungen mit ihrem Elternhaus preisgab.

Ihr Widerstand gegen ihr Elternhaus wuchs. Sie entwickelte einen unbändigen Hass, besonders gegen den Vater, der sie zum »blinden Gehorsam« erzogen hatte. Plötzlich war sie so mit den Eltern und ihren eigenen Problemen beschäftigt, dass sie das Studium abbrechen musste. In Gedanken war sie Tag und Nacht am Kämpfen und überlegte, wie sie mit dem Vater und der Mutter fertig werden konnte. Sie führte Prozesse um das Erbe und brach jeden Kontakt mit dem Elternhaus ab, ohne aber zum Frieden gekommen zu sein.

Als ich sie kennen lernte, hatte sie drei Beziehungen zu Männern hinter sich, die alle scheiterten, weil ihre Vergangenheit nicht bereinigt war. Sie litt unter der Vergangenheit und war nicht bereit, den Eltern zu vergeben und einen Schlussstrich unter verletzende Erfahrungen zu setzen. In ihren bisherigen Männerbekanntschaften erkannte sie jeweils ihren Vater wieder, projizierte alle Vorurteile, die sie in der Ursprungsfamilie gesammelt hatte, in die Männer hinein und erlebte jedes Mal ein Fiasko.

Die Beratungsgespräche standen nach einem halben Jahr vor dem Abbruch. Sie wollte ihre Vorurteile nicht aufgeben. »Ich kann nicht!«, sagte sie mehrere Male. Aber die Sehnsucht nach einem geliebten Mann war größer. Gründlich haben wir alle Beziehungen und Erfahrungen mit Männern analysiert. Ich habe mir viel Mühe gegeben, nicht den Hauch von Belehrung und Druck aufkommen zu lassen. Die kleinste Forderung quittierte sie mit Ablehnung. Jede Hausaufgabe, die ich stellte, lockte sofort zornige Ausrufe hervor.

Ich habe mich nicht beirren lassen. Sie meinte nicht mich, sie meinte ihren Vater. Einmal sagte ich:

»Sie verstehen es meisterhaft, jeden Mann in die Flucht zu schlagen. Versuchen Sie es mal mit einem Masochisten! Der ist glücklich, wenn er gequält und geprügelt wird.«

»Aber ich will doch einen richtigen Partner!«

»Dann behandeln Sie ihn auch wie einen Partner!«

Sie kam in den ersten Monaten zweimal in der Woche. Sie wollte unbedingt mit einem Mann arbeiten, um ihre Hass- und Rachegefühle gegenüber dem Vater zu überprüfen.

Jede Bitterkeit und jeden versteckten Kampf habe ich zum Gespräch erhoben. Jede unweibliche Reaktion habe ich gespiegelt. Alle Sitzungen empfand sie wie eine Strafe, die sie auch noch bezahlen musste.

In der Beratungszeit musste sie die Schule wechseln, weil sie sich wieder mit dem Direktor der Schule angelegt hatte. Auch diese Auseinandersetzung haben wir gründlich und Punkt für Punkt besprochen. Ich war der festen Überzeugung, ihr nichts schenken zu dürfen.

Dann lernte sie an der neuen Schule einen männlichen Kollegen kennen, der seit einem Jahr geschieden war.

»Ich weiß, dass er nicht wie mein Vater ist und ich werde auch jede Vermutung, Züge von Vater bei ihm zu entdecken, ablehnen!«

»Ihr Wort in Gottes Ohr!«

Sechs Wochen später brachte sie ihn mit in die Beratung. Mir hatte sie nichts davon gesagt.

»Herr X weiß alles von mir«, so stellte sie mir ihren Kollegen vor, »meinen Vaterkomplex kennt er inzwischen in- und auswendig. Er ist gewarnt.«

Der Mann strahlte seine Kollegin an.

»Ich habe einen lieben Vater gehabt. Warum sollte ich ausflippen, wenn Marion mir autoritäre Züge unterstellt. Wir gehen Schritt für Schritt aufeinander zu. Mal sehen, was draus wird.«

Die Frau nickte.

»Ich habe hier gelernt, alles anzusprechen, zu prüfen und zu hinterfragen, bevor ich Behauptungen ausspreche. Schließlich sehe ich, was ich sehen will, und ich höre, was ich hören will.«

Ich kann es mir nicht verkneifen:

»Das ist eine hervorragende Voraussetzung für harmonische Beziehungen.«

Beide sind in Abständen noch einige Male gekommen und haben im Herbst geheiratet.

Im Frühjahr des darauf folgenden Jahres suchte mich die Frau noch einmal auf. Sie käme mit ihrem Partner glänzend zurecht. Sie sei glücklich, ihre bösen Erfahrungen aus der Ursprungsfamilie verarbeitet zu haben. Stolz sei sie auf sich, mit ihm noch nie in einen Machtkampf geraten zu sein.

»Ich habe gelernt, dass meine Gedanken mein Leben bestimmen.«

Eine wichtige Erkenntnis:
Unsere Gedanken bestimmen unsere Gefühle.
Unsere Gedanken beeinflussen unsere Empfindungen.
Unsere Gedanken gestalten unsere Reaktionsmuster.
Wir haben es in der Hand, unser Zusammenleben zu meistern.

Muster 2: Liebende können flexibel miteinander umgehen

Liebe erfordert *Kompromisse.*
Liebe erfordert *Beweglichkeit.*
Liebe erfordert *Wandelbarkeit.*

Mann und Frau bringen je ihre Gewohnheiten aus ihren Elternhäusern mit. Gewohnheiten führen ein zähes Leben. Aber wahre Liebe ist nicht starrköpfig.

Keiner muss *kämpfen,* um sich gegen den anderen durchzusetzen.
Keiner muss *stur* sein, um sich nicht als Verlierer zu fühlen.
Keiner muss *starre Regeln* aufstellen, um den anderen in seine Schranken zu weisen.

Unbeweglichkeit hat in der Regel mit negativem Selbstvertrauen zu tun. Unbeugsame Verhaltensmuster sind ein Schutzschild gegen Ängste. Flexible Menschen sind innerlich stark. Sie können nachgeben, ohne ihr Profil zu verlieren. Sie können großzügig sein, ohne in Frage gestellt zu werden.

Was kennzeichnet starre Prinzipien?
Was kennzeichnet unflexible Menschen?

- Sie wollen *herrschen.*
- Sie wollen *bestimmen.*
- Sie wollen *nicht verlieren.*
- Sie wollen *nicht untergehen.*

Wer keine Kompromisse schließen kann, wird zum Außenseiter. Seine Starrheit macht ein Zusammenleben unmöglich. Starrheit und innere Festigkeit sind zwei paar Schuhe. Liebende, die wissen, was sie wollen und eine klare Überzeugung pflegen, sind keine Erbsenzähler.

In unseren christlichen Kreisen finden wir Menschen, die ausgesprochen gesetzlich denken und handeln. Sie schwören auf den Buchstaben des Gesetzes, grenzen aus und lassen Menschen fallen.

Häufig sind es Menschen, die große Angst haben, dass das Schiff Kirche oder Freikirche ins Schlingern gerät und untergeht.

Ihre Schwäche und Angst lässt sie engstirnig und unflexibel erscheinen.

Sie haben in der Liebe, in Beziehungen und in der Partnerschaft Schwierigkeiten.

Muster 3: Liebende erkennen sich an

Sie nehmen einander an, wie es Paulus im Römerbrief formuliert hat:

»Nehmt einander an, wie Christus euch angenommen hat, denn dadurch wird Gott geehrt« (Römer 15,7).

Wer den anderen annimmt, erkennt ihn an.

Wer den anderen anerkennt, liebt ihn auch.

Liebe heißt: Ich liebe dich, wie du bist, nicht wie du sein solltest.

Liebe heißt: Ich sage ja zu dir, mit allen Fehlern und Schwächen.

Liebe heißt: Ich lasse dich so stehen, wie du geworden bist. Wer ständig seinen Partner verändern will, liebt ihn nicht. Die Liebe ist keine Schule, in der der andere unterrichtet, belohnt und korrigiert werden soll. Die Liebe ist auch kein Sanatorium, in dem der andere verändert und geheilt werden soll.

Es gibt einen kleinen therapeutischen und geistlichen Satz, der für das Zusammenleben gilt:

»Es geht nicht darum, den anderen zu verändern; aber ich verändere mich, dann kann der andere nicht bleiben wie er ist.«

Oder: »Wenn ich mich dem anderen zuliebe verändere, wird er sich mir zuliebe verändern.«

Da fallen Kämpfe, Streitigkeiten, Vorwürfe und Kritik weg. Wer den anderen beeinflussen, manipulieren und korrigieren will, praktiziert egoistische und lieblose Einstellungsmuster.

Bei Paulus fand ich einen klassischen Satz über die Liebe zwischen Mann und Frau:

»Genauso sollten auch die Ehemänner ihre Frauen lieben, wie sie ihren eigenen Körper lieben. Denn ein Mann liebt auch sich selbst, wenn er seine Frau liebt« (Epheser 5,28).

Wer seine Frau anerkennt,
wer seine Frau bejaht,
wer seine Frau liebt, der liebt sich selbst. Was heißt das?

- Er tut sich etwas Gutes.
- Er denkt auch an sich.
- Er beschenkt sich.

Es gibt keine passendere Basis für harmonische Beziehungen von Liebenden:

Beglücken Sie den anderen, und Sie werden selbst beglückt.
Beschenken Sie den anderen, und Sie werden selbst beschenkt.
Bejahen Sie den anderen, und Sie werden selbst bejaht.
Vertrauen Sie dem anderen, und er schenkt Ihnen Vertrauen.

Zum Anerkennen des anderen gehört, dass ich mich selbst anerkenne.

- Nur wenn ich mich selbst schätze, kann ich den anderen schätzen.
- Nur wenn ich mich selbst achte, kann ich den anderen achten.
- Nur wenn ich mit mir zufrieden bin, bin ich auch mit dem anderen zufrieden.
- Nur wenn ich mich selbst annehme, kann ich auch den anderen annehmen.

Wer sich seiner selbst nicht sicher ist, reagiert unsicher auf den anderen. Wer seinen Wert niedrig einschätzt, sieht sich in den Augen des geliebten Menschen als klein und nicht liebenswert.

Aber was sind die Folgen von Angst und Unsicherheit?

- Der Mensch strahlt wortlos Abwehr aus und signalisiert dem Partner, dass er blockiert und gehemmt ist.
- Der Mensch verspannt sich und spiegelt eine Verkrampfung wider, die der Hingabefähigkeit im Wege steht.
- Der Mensch ist mit sich selbst beschäftigt, klebt an seinen Problemen.
- Der Mensch handelt übertrieben nachgiebig, schweigt zu Vorwürfen, und der Partner setzt seinen Willen durch.
- Der Mensch unterdrückt seine Bedürfnisse, er will den Partner nicht verärgern und nicht verlieren.

Muster 4: Liebende leben vom Schenken und Beschenktwerden

Eine partnerschaftliche Liebe, die Harmonie beinhaltet, hat immer beides im Auge: Geben und Nehmen.

Dieser Gedanke basiert auf dem Kardinalsatz des Alten und Neuen Testaments:

»Liebe deinen Nächsten wie dich selbst.«

Juden und Christen, Männer und Frauen leben von diesem Kerngedanken. Der Satz heißt nicht, dass wir die Liebe zwischen den Liebenden ständig auf die Goldwaage legen. Männer und Frauen rechnen nicht gegenseitig auf, was sie einander getan haben.

Aber beide müssen das Gefühl haben:

Unsere Liebe ist ausgewogen.

Geben und Nehmen sind einigermaßen im Gleichgewicht.

Keiner wird ausgebeutet oder fühlt sich ausgenutzt.

Angesammelte Wut und aufgestaute Aggressionen kommen in der Partnerschaft oft daher, dass ein Ungleichgewicht die Beziehung heimgesucht hat. Geben und Nehmen sind völlig aus dem Gleichgewicht gekommen. Meine Erfahrung ist: Wenn Geben und Nehmen einigermaßen im Gleichgewicht sind, sind Mann und Frau zufrieden. Keiner zieht sich vom anderen zurück. Keiner bestraft den anderen und rächt sich. Beide haben keine Schwierigkeiten, die sexuellen Bedürfnisse des anderen zu befriedigen.

Das Gleichgewicht im Geben und Nehmen beinhaltet auch,

- dass Aktivität und Passivität einigermaßen ausgewogen sind.
- dass Führen und Geführt- werden nicht auseinander klaffen.
- dass Entscheidungsstärke und Entscheidungsschwäche nicht völlig auseinander driften.

Muster 5: Liebende setzen Grenzen und respektieren sie

Wenn Menschen sich verlieben, möchten sie am liebsten ineinander aufgehen. Beide übertreiben ihre Zuneigung. Mindestens einer möchte mit dem anderen völlig eins werden. Verliebte sagen häufig:

»Wir stimmen hundertprozentig überein. Oft haben wir zur gleichen Zeit die gleichen Wünsche, sprechen die gleichen Gedanken aus.«

Andere sind der Meinung: »Wir sind zwei Herzen und ein Schlag.«

- Sie wollen alles *gemeinsam* machen,
- sie wollen alles *gemeinsam* planen,
- sie wollen alles seelisch und geistig *gemeinsam* erleben.

In der Verliebtheit spielen die Gefühle verrückt. Besonders die Einsamen wollen überall zusammenbleiben und leiden, wenn sie getrennt sind.

Die *reife* Liebe sieht die Beziehungen zueinander nüchterner.

Die *reife* Liebe weiß, dass Nähe und Distanz ausgewogen sein müssen.

Die *reife* Liebe realisiert:

- Jeder ist und bleibt eine eigenständige Persönlichkeit.
- Jeder respektiert die Individualität des anderen.
- Jeder unterstützt die Vorlieben und bestimmte Eigenwilligkeiten des anderen.
- Jeder braucht seinen Freiraum und grenzt sich entsprechend ab.

Wer ständig die Grenzen des anderen überschreitet, vergewaltigt ihn. Wer die Grenzen des anderen nicht achtet, degradiert ihn zu seinem Objekt. Auch zwei Liebende bleiben zwei getrennte Persönlichkeiten. Sie haben viel gemeinsam und sind doch unterschiedliche Menschen.

Was kann im Hintergrund stehen, wenn jemand die Grenzen des anderen nicht respektiert?

- Er kann nicht allein sein.
- Er fühlt sich im Stich gelassen.
- Er will den anderen beherrschen.
- Er will, dass der andere seine Bedürfnisse erfüllt.

Liebende, die eine *reife* und harmonische Beziehung leben, unterlassen es, immer wieder die Grenze des anderen zu überschreiten.

Muster 6: Liebende kommunizieren miteinander

Das Gespräch ist für die Beziehung, was der Sauerstoff für Mensch und Tier bedeutet. Gespräche sind der Kitt der Gemeinschaft. Der Austausch von Gefühlen gibt der Seele Kraft und der Beziehung Stabilität.

Gespräche sind Streicheleinheiten für die Seele.

Gespräche stimulieren.

Gespräche beflügeln die Beziehung.

Gespräche machen Liebespaare glücklich.

Viele Paare leiden stumm an ihrem Leben und an ihrer Sprachlosigkeit. Liebende, die sich einander mitteilen, halten ihre Beziehung am Leben. Schon der Philosoph Nietzsche ging von der Feststellung aus:

»Die Ehe ist vor allem ein langes Gespräch.«

Sich lieben heißt, sich verstehen.

Sich lieben heißt, verstanden werden und sich verständlich machen. Der deutsche Paartherapeut Professor Dr. Michael Lukas Moeller kann schreiben:

»Gespräche bewirken ein freundliches Klima in der Beziehung. Ja, sie können als seelisches Aphrodisiakum gelten. Denn fast alle erotischen Störungen und Flauten entstehen, weil wir – oft ohne uns gewahr zu werden – Probleme mit unserer Beziehung haben.«[1]

Zwiegespräche haben den Sinn, dem anderen zu zeigen, was mich wirklich bewegt. Wer von sich spricht, macht sich einem anderen verständlich. John M. Gottman meint:

»Sicher ist Sprache nicht alles, aber ebenso sicher ist ohne Sprache alles nichts.«[2]

Das Miteinander-Reden macht den Menschen zum Menschen. Als Eheberater kann ich nur bestätigen: Enttäuschungen, Abwertungen, Verletzungen, plötzliche Trennung, Gleichgültigkeit und Lieblosigkeiten in der Beziehung sind Folgen der partnerschaftlichen Sprachlosigkeit.

Welches Einstellungsmuster verhindert am stärksten die sprachliche Kommunikation? Es ist die mangelnde *Selbstbewusstheit*. Sie beinhaltet:

- Ich kenne meine eigenen Empfindungen und Gefühle nicht.
- Ich kann meine Empfindungen und Gefühle nicht mitteilen.
- Ich gebe dem Partner das Gefühl, mit einem Fremden verbunden zu sein.

Häufig sind es Frauen, die sich in der Seelsorge und Beratung über ihre Partner beschweren.

»Meine Freundin, die fünfzig Kilometer weiter weg lebt, kenne ich zehnmal besser als meinen Mann.«

»Mein Mann ist intelligent und beruflich sehr tüchtig, aber über seinem Inneren liegt ein dicker Teppich, der keinen Laut raus lässt. Er spricht über alles Mögliche, aber nicht über sich. Ich bin sehr unglücklich.«

Wer solche Defizite bei sich entdeckt, sollte dringend Kurse besuchen, um die emotionale Sprachlosigkeit zu korrigieren. Eine harmonische Partnerschaft kennt eine lebendige Kommunikation.

Muster 7: Liebende schenken sich gegenseitig Anerkennung

Jeder Mensch braucht Anerkennung. Ohne Anerkennung können wir nicht leben. Jahrelang habe ich in Vorträgen herausgestellt:

»Wir alle benötigen Anerkennung. Ich kenne nur einen, der keine Anerkennung brauchte, das war Jesus.«

Eines Tages stand während eines Vortrags eine Frau auf und sagte:

»Herr Ruthe, Sie irren sich, auch Jesus brauchte Anerkennung. Als er sich taufen ließ, kam eine hörbare Stimme vom Himmel, die sagte: Dies ist mein geliebter Sohn, an dem ich Wohlgefallen habe. Jesus bekam von seinem Vater diese großartige Bestätigung.«

So ist es. Selbst Jesus brauchte offenbar diese Anerkennung.

Anerkennung umfasst mehrere Akzente:

- Ich brauche *Liebe*.
- Ich brauche *Beachtung*.

- Ich brauche *Bestätigung.*
- Ich brauche *Wohlwollen.*
- Ich brauche *Komplimente.*

Fachleute sprechen auch von »Urhunger«, den Kinder und Erwachsene benötigen. Ein Lächeln, ein Nicken, ein Wort und eine intensive Zuwendung ersetzen später die »physischen Streicheleinheiten«. Liebende, die sich Anerkennung schenken, stabilisieren ihre Beziehung. Viele Männer haben verlernt, was Komplimente sind.

Ein Blumenstrauß, eine einzelne Rose, eine Praline, ein Stück Schokolade, alle Geschenke symbolisieren Anerkennung und Liebe. Anerkennung kann auch beinhalten, dass ich mich dem anderen mit dem Gesicht und offenen Augen zuwende.

Ich bin für dich da.
Ich höre interessiert zu.
Ich schenke dir meine ungeteilte Anteilnahme.
Es sind kleine Gesten mit großer Wirkung.

Wer sich für alles, was der Liebespartner denkt und tut, interessiert, schenkt ihm Anerkennung. Eine Frau, die sich für den Beruf des Mannes interessiert, auch wenn er komplizierte Vorgänge beinhaltet, schenkt ihm Anerkennung. Ein Mann, der sich für den Tagesablauf seiner Partnerin interessiert, schenkt ihr Liebe: »Alles, was du tust, was du denkst und was du planst, hat mit meiner Liebe zu dir zu tun.«

Anerkennung ist Anteilnahme,
Anteilnahme ist Liebe.

Muster 8: Liebende streben einen gemeinsamen Lebenssinn an

Ein gemeinsamer Sinn garantiert der Partnerschaft eine solide Basis.

Die Übereinstimmung, einen gemeinsamen Sinn ins Auge zu fassen, ist für Professor Gottman das »Geheimnis Nr. 7«, um eine glückliche Ehe zu installieren. Gottman hat viele Prinzipien herauskristallisiert, die erfolgreiche Paare auf ihrem Weg zu einer harmonischen und langlebigen Beziehung anwenden. Wörtlich schreibt er:

»Eine Ehe bedeutet nicht nur Kinder aufzuziehen, Pflichten aufteilen und miteinander schlafen. Ehe kann auch eine spirituelle Dimension haben, die ein gemeinsames immer Leben verlangt.(…) Je mehr Sie über die grundlegenden Dinge im Leben einer Meinung sind, desto reicher, sinnvoller und in gewisser Weise auch leichter wird Ihre Ehe sein.«[3]

Die Frage nach dem Sinn des Lebens ist eine praktische, ist eine existenzielle Frage. Sie entscheidet über Glück und Unglück, über Zufriedenheit und Unzufriedenheit. Albert Einstein hatte Recht, als er sagte: »Wer sein eigenes Leben als sinnlos empfindet, ist nicht nur unglücklich, sondern auch kaum lebensfähig.«

Der Sinn im Leben

- gibt zwei Menschen Mut.
- gibt zwei Menschen einen enormen Überlebenswillen.
- gibt Antriebskraft und Lebensfreude.

Menschen mit Sinn im Leben, mit Kraft zum Überleben, meistern Schwierigkeiten, auch wenn diese furchtbar und qualvoll sind.

Mann und Frau können grundverschiedene Persönlichkeiten sein. Entscheidend ist, dass sie einen gemeinsamen Sinn anstreben. Der Glaube an Gott ist so ein gemeinsamer Sinn. Freud und Leid, Krankheiten und persönliche Lebensprobleme können leichter gelöst und bewältigt werden, wenn beide beten können.

Beide denken in die gleiche Richtung.
Beide gehen auf ein bestimmtes Ziel zu.
Beide erwarten von dem einen Herrn Hilfe.
Beide vertrauen seinen Zusagen.
Beide richten ihr Leben nach seinen Maßstäben aus.
Beide legen Schönes und Schweres in Gottes Hände.

Solche Übereinstimmung verringert persönliche Dissonanzen und charakterliche Unterschiede. Sie schafft Zufriedenheit und fördert die Gemeinsamkeit.

Das waren acht Prinzipien oder Einstellungsmuster, die einer glücklichen Partnerschaft eine solide Basis verschaffen. Es sind keine Wundergaben, die nur wenigen Menschen in die Wiege gelegt wurden. Es sind Einstellungsmuster, die Frauen und Männer trainieren können,

- wenn sie ernsthaft wollen,
- wenn das Gemeinsame wichtiger ist als das Egoistische,
- wenn sie das WIR höher stellen als das dicke ICH.

KAPITEL 7

DIE VIER SÄULEN EINER GUTEN BEZIEHUNG

Die Wuppertaler Forscher Hassebrauck und Küpper haben mehrere tausend Personen gebeten, die Merkmale anzugeben, die eine gute Beziehung charakterisieren. Wörtlich heißt es bei ihnen:

»Das wesentliche Ergebnis: Man kann die typische gute Beziehung mit einer Liste von 64 Merkmalen beschreiben. Anschließend wurden andere Personen gebeten, die Wichtigkeit dieser Aspekte zu bewerten (...) Ein weiteres Ergebnis unserer Forschung ist, dass sich diese 64 Einzelmerkmale letztlich zu vier wichtigen Bereichen zusammenfassen lassen, die eine gute Beziehung ausmachen:

- Intimität,
- Übereinstimmung,
- Sex und
- Unabhängigkeit.

Diese Komponenten bilden die vier Säulen einer Beziehung, variieren aber durchaus in ihrer Wichtigkeit.«[1]

Schauen wir uns diese vier Säulen genauer an:

Säule 1: Intimität

Intimität ist der wichtigste Faktor in der Partnerschaft. Gemeint ist nicht die sexuelle Intimität, sondern gemeint ist

- emotionale Nähe,
- Innigkeit,
- Vertrautheit,
- Geborgenheit,
- gegenseitiges Verstehen.

Intimität ist etwas, was eine Paarbeziehung zu etwas Besonderem werden lässt. Das gegenseitige Verstehen schafft eine vertrauensvolle Beziehung und hilft, das Leben zu meistern.

Wir sprechen auch von einer intimen Atmosphäre.

Es herrschen Gemütlichkeit und ein Wohlgefühl.

Auch die Beziehung zu Gott ist eine Intimbeziehung. Sie beinhaltet äußerste Vertrautheit. Das Gebet ist das Intimste zwischen Gott und den Menschen. Hier werden Innigkeit, Vertrautheit und Nähe erfahren.

Durch eine liebevolle und enge Beziehung in der Kindheit kann Intimität aufgebaut werden. Kinder werden in ihren Ängsten und in ihren Gefühlen ernst genommen. Sie können reden, sich austauschen, sich aussprechen und geborgen fühlen.

Intimität hat mit Vertrauen zu tun. Wer Vertrauen schenkt, schenkt Intimität.

Säule 2: Übereinstimmung

Übereinstimmung meint nicht: Es gibt keine Unterschiede, keine Gegensätzlichkeiten, keine charakterlichen Widersprüche. Übereinstimmung meint:

- Beide verfolgen gemeinsame Ziele.
- Beide pflegen gemeinsame Freundschaften.
- Beide bilden sich übereinstimmende Urteile.

Wie gesagt, sie können gegensätzlich und unterschiedlich sein, aber sie einigen sich und streben gemeinsame Ziele an. Beide entwickeln übereinstimmende Lebens- und Glaubensfragen. Beide praktizieren Kompromisse. Beide finden Lösungen für Konflikte und Probleme, die sie haben. Beide finden Wege, wie sie unterschiedliche Urlaubswünsche realisieren können.

Übereinstimmung setzt ein großes Toleranzverhalten voraus. Zwischen den Partnern finden keine hässlichen Machtkämpfe statt. Sie können lange und ausdauernd miteinander reden, um tragfähige Lösungen zu praktizieren.

Übereinstimmung im Glauben ist eine der wesentlichsten Stützen für ein gemeinsames Leben. Berufliche Ziele, gemeinsame Kinder, die in den verschiedenen Lebensphasen Schwierigkeiten machen, Krankheiten, Existenzprobleme und Verlustängste können gemeinsam vor Gott gebracht werden.

Der *gemeinsame Glaube* schweißt zusammen.

Der *gemeinsame Glaube* stabilisiert das Zusammengehörigkeitsgefühl.

Der *gemeinsame Glaube* harmonisiert unterschiedliche Empfindungen.
Der *gemeinsame Glaube* ist ein Schlüssel für Konflikte und ernsthafte Differenzen.

Säule 3: Unabhängigkeit

Werden die vier Säulen gewichtet, steht die Unabhängigkeit an dritter Stelle.

Beziehungsabhängigkeiten verursachen Leiden. Immer geht es um die Frage, wie weit Rechte und Grenzen der eigenen Persönlichkeit gewahrt werden. Die neurotische Abhängigkeit engt den Partner ein.

Wie kann das geschehen?

- Der Beziehungsabhängige macht Kinder zum Partnerersatz.
- Er klammert gern sein Gegenüber, das sich dann zurückzieht, entfernt und auf Distanz geht.
- Weil er es ohne den anderen nicht aushält, steht er nun in Gefahr, ein Kind zum Partnersatz auszuwählen. Das Kind wird mit allen Problemen, Fragen und inneren Nöten eines Elternteils konfrontiert und überfordert.
- Er sucht im Partner Vater oder Mutter. Mangelnde Selbstverwirklichung und Unabhängigkeit vom Elternhaus führen dazu, dass ein junger Mensch im Partner Vater oder Mutter wählt.

Die Wünsche laufen unbewusst und ungewollt. Äußerlichkeiten oder bestimmte Verhaltensmuster erinnern an einen Elternteil.

Wer heiratet, gibt seine *Individualität* nicht auf.
Wer heiratet, gibt sein *Ich* nicht auf.
Wer heiratet, bleibt eine *einmalige Persönlichkeit*.

Die völlige Verschmelzung, das völlige Aufgeben der Persönlichkeit sind krankhafte Züge. Sie haben nichts mit gesunder Abhängigkeit zu tun.

Jeder von uns braucht in der Ehe

- Freiräume,
- Rückzugsmöglichkeiten,
- Spielräume für die individuelle Entfaltung.

Säule 4: Sexualität

Zufrieden stellende Sexualität und sexuelle Harmonie sind nach Meinung der Befragten nicht so wichtig wie Intimität und Übereinstimmung. Sicher gehört der Sex zu den vier Säulen einer guten Beziehung. Aber in den Medien wird er in der Regel zu hoch bewertet.

Verheiratete mit einer großen Verbindlichkeit geben übereinstimmend den ersten zwei Säulen den Vorrang.

Es besteht allerdings kein Zweifel: Männer machen im Allgemeinen eine gute Beziehung mehr an Sex und Körperkontakt fest als Frauen. Frauen achten umgekehrt

- mehr auf Kommunikation,
- mehr auf Gegenseitigkeit,
- mehr auf gemeinsames Tun,
- mehr auf gemeinsame Freunde.

Da liegt auch ein Grund für die unterschiedliche Bewertung von Problemen bei Männern und Frauen:

Männer machen fehlenden Geschlechtsverkehr, fehlende körperliche Beziehungen für die meisten ehelichen Probleme verantwortlich. Frauen dagegen behaupten, sie würden mehr Freude an körperlich sexuellen Beziehungen haben,

- wenn die seelischen Beziehungen besser wären.
- wenn mehr Gespräche und Austausch von Gefühlen stattfänden.
- wenn Frau und Mann in Erziehungsfragen häufiger übereinstimmten.
- wenn sie sich ganzheitlich besser verstanden und ernst genommen fühlten.
- wenn ihre Kritik an Kleinigkeiten stärker gehört würde.

KAPITEL 8

WIE UNTERSCHIEDLICHE PAARE SICH VERSTEHEN

Eheglück fällt uns nicht in den Schoß.
Eheglück ist nicht anlagebedingt.
Eheglück ist kein Zufall.
Eheglück ist ernsthafte, gemeinsame Arbeit.

Die Ehe besteht nur aus drei Buchstaben, aber viele buchstabieren ihr ganzes Leben daran herum. Harmonie muss gemeistert werden und verlangt ganzen Einsatz.

In meiner Seelsorge- und Beratungspraxis habe ich eine Reihe von Bausteinen ausgemacht, die eine gute Ehe garantieren.

Die Bausteine, die im Folgenden besprochen werden, haben in jeder Ehe einen unterschiedlichen Stellenwert.

Welcher Baustein fehlt in Ihrer Ehe?

Welcher Baustein wurde vernachlässigt?

Welcher Baustein sollte unbedingt bearbeitet werden?

Baustein 1: Verüble dem Partner nicht sein Anderssein

Es gibt ein treffendes chinesisches Sprichwort:

»Solange du dem andern sein Anderssein verübelst, hast du den Weg der Weisheit noch nicht betreten.«

Den anderen annehmen, wie er ist, das ist Weisheit.

Den anderen kritisieren, weil er anders ist, das ist Dummheit.

»Mich ärgert dein Perfektionismus!«

»Deine Unordnung bringt mich zur Verzweiflung!«

»Deine dummen Gewohnheiten regen mich jeden Tag neu auf!«

Wer so denkt, fühlt und falsche Schlüsse daraus zieht, wird mit Unzufriedenheit und Unglücklichsein bestraft.

Anderssein ist ein Geschenk.
Anderssein ist Gnade.
Anderssein ist Gottes Reichtum.
Anderssein ist Gottes Weisheit.
»Willst du nicht meiner Meinung sein, schlag ich dir den Schädel ein!« Solche Einstellung ist dumm und primitiv. Gott hat uns unterschiedlich gemacht. Wer das aus tiefstem Herzen bejaht, ist 80 Prozent aller Probleme los.

Das Gebot »Liebe deinen Nächsten wie dich selbst« ist neben dem Gebot, Gott über alle Dinge zu lieben, die wichtigste Regel für das zwischenmenschliche Zusammenleben.
Wer das trainiert, wird Zuneigung erfahren.
Wer das einübt, wird Konflikte abbauen.
Wer das praktiziert, wird seine Beziehung revolutionieren.

Wer dem anderen sein Anderssein verübelt, ist eingebildet und stolz. Er denkt und handelt in erster Linie ichsüchtig. Wer den Partner annimmt, nimmt ihn aus Gottes Hand. Er ermutigt sein Gegenüber, rückhaltlos Ja zu ihm zu sagen.

Baustein 2:
Beide Partner haben sich von der Ursprungsfamilie abgenabelt

»Vater und Mutter verlassen«, wie die Bibel es fordert, hat nichts mit im Stich lassen zu tun. Aber die Nabelschnur muss zwischen Eltern und Kind getrennt sein. Die Loslösung muss gewährleistet, Selbstständigkeit und Unabhängigkeit müssen gegeben sein.
Beide beginnen ein neues Leben.
Beide vertrauen sich rückhaltlos.
Beide haben das häusliche Nest, die Geborgenheit des Elternhauses und die Zufluchtsstätte in Schwierigkeiten hinter sich gelassen. Zu große Abhängigkeit vom Elternhaus schafft Misstrauen und Differenzen.
Menschlich und geistlich steht fest: Die Familie löst sich auf, das ist gottgewollt. Die Ehe soll unauflöslich sein.

In der Eheseelsorge spielt die gegenseitige Beeinflussung von Eltern und Schwiegereltern eine große Rolle. Kinder und Schwiegerkinder fühlen sich gegängelt. Sie fühlen sich abhängig. Vor allem, wenn es um Geld geht.

Ich habe einen Mann in der Beratung gehabt, der jeden Abend, wenn er von der Arbeit kam, zuerst bei seinen Eltern vorbeifuhr. Mit ihnen besprach er alle Probleme. Können Sie sich vorstellen, wie verbittert seine Ehefrau war? Er praktizierte keine Partnerschaft. Die Abnabelung hatte nicht stattgefunden.

Positiv gilt: Die Abnabelung vom Elternhaus ist eine Voraussetzung für eine reife Ehe. Denn nur zwei *selbstständige* Partner können den Grundstein für eine verbindliche Beziehung legen.

Baustein 3:
Beide Partner nehmen die Gemeinsamkeit in Arbeit

Menschen, die heiraten, realisieren in der Regel noch keine Gemeinsamkeit.

Ein Name,
eine Anschrift,
ein Telefon,
eine Wohnung sind noch keine Garantie für eine wirkliche Gemeinsamkeit. Zwei Ichs, die zusammenleben, garantieren noch kein Wir. Zwei grundsätzlich verschiedene Menschen respektieren ihre persönliche Autonomie und entwerfen gleichzeitig ein realistisches Zukunftsbild ihrer Gemeinsamkeit.

Gemeinsamkeit beinhaltet:

- Keiner verliert seine Originalität.
- Keiner gibt seine Selbstständigkeit auf.
- Keiner wird dem anderen hörig.
- Keiner zwingt den anderen in ein Schema.

Gemeinsamkeit verlangt, dass sich beide über alle Probleme, Schwierigkeiten und Meinungsverschiedenheiten austauschen.

Wer sich vor dem anderen schämt, wer sich nicht traut, alles anzusprechen, untergräbt die Gemeinschaft.

Ich hatte in der Beratung eine Frau, die Angst hatte, ihre Autonomie zu verlieren. Sie hatte Angst, ständig faule Kompromisse schließen zu müssen. Auf keinen Fall wollte sie – ohne letzte Einsicht – nachgiebig sein. Sie war ausgesprochen gradlinig und gerecht. Die kleinste Ungerechtigkeit machte ihr Probleme. Als ältestes Kind war sie von der Mutter mit vielen Aufgaben und Pflichten betraut worden, was sie als Unrecht ansah. Sie fühlte sich ausgenutzt und ausgebeutet. Sie war einige Monate verheiratet, als die Machtkämpfe losgingen. Ihr Mann sah manches großzügiger, reagierte nachgiebig und konnte seine Frau verstehen. Er unterstützte ihr Gerechtigkeitsempfinden und lobte sie sogar dafür. Seine Frau bedankte sich mit vielen Küssen bei ihm. Sie fühlte sich aufgewertet, im Elternhaus dagegen abgewertet.

Keine Frage, durch unterschiedliche *Erfahrungen* kann der gemeinsame Lebensweg blockiert werden. Unterschiedliche *Gewohnheiten* - Morgenmuffel und Abendmenschen, gesellige und ungesellige Menschen, Aktive und Passive – müssen zu praktikablen Übereinstimmungen finden.

Ehe beinhaltet Gemeinsamkeit. Rechthaberei, Missgunst, Eifersucht und Egoismus untergraben die Gemeinsamkeit.

Paulus drückt es so aus:

»Haltet euch an Jesus Christus, den Herrn, und lasst euer Leben von ihm bestimmen. Gebt euren Wünschen nicht so weit nach, dass ihr von euren Leidenschaften beherrscht werdet« (Römer 13,14).

Christus hat gedient, nicht geherrscht.

Christus hat geliebt und sich nicht ichsüchtig durchgesetzt.

Christus ist unser Vorbild für die Aufgabe der Gemeinsamkeit.

Fragen der Gemeinsamkeit lauten auch:

- Wollen wir gemeinsam Kinder? Wie viele?
- Wollen wir gemeinsam die Erziehung übernehmen?
- Welche gemeinsamen Lebensziele wollen wir anstreben?
- Welche gemeinsamen Prioritäten wollen wir uns setzen?
- Welche gemeinsamen geistlichen Ziele wollen wir realisieren?

Baustein 4:
Werden Sie ein guter Zuhörer!

Der Bestseller von Allan und Barbara Pease, »Warum Männer nicht zuhören und Frauen nicht einparken können«[1], ist vielen Menschen ein Begriff. Die amerikanischen Kommunikationstrainer haben in sehr amüsanter, oft plakativer Weise den unüberbrückbaren Unterschied zwischen weiblichen und männlichen Denk- und Verhaltensweisen klar gemacht. Sie geben »ganz natürliche Erklärungen für eigentlich unerklärliche Beziehungen«. Zweifellos ist es ein Pauschalurteil, dass nur Männer schlecht zuhören können, wie uns das amerikanische Paar weismachen will.

Zuhören können ist eine Frage der Liebe.
Ich stelle mich auf den anderen ein.
Ich schaue ihn an.
Ich lege Zeitung und Zeitschriften beiseite.
Ich mache nicht gleichzeitig etwas anderes.

Diese Kleinigkeiten sind eine Voraussetzung, sich auf den Partner einzustellen. Die amerikanischen Eheberater Bill und Pam Farrell schreiben:

»Zuhören ist keine Charaktereigenschaft. Sie müssen kein anderer Mensch werden, um Ihrem Partner zuzuhören. Zuhören ist eine Fertigkeit, genau wie Auto fahren, Schreibmaschine schreiben oder ein Instrument spielen. Sie müssen üben und mit der Zeit Ihren eigenen Stil entwickeln. Die Grundelemente des Zuhörens – Aufmerksamkeit, Empathie und einfühlsames Fragen – haben alle guten Zuhörer gemeinsam, aber kein Mensch hört genau auf dieselbe Art zu wie der andere.«[2]

Das heißt:

- Jeder kann Zuhören erlernen.
- Jeder kann sich dem Partner in Liebe zuwenden, wenn er will.
- Jeder kann sich ermahnen, dem Gegenüber Aufmerksamkeit, Einfühlung und Anteilnahme entgegenzubringen.
- Jeder reagiert als Zuhörer anders. Auch darin unterscheidet sich jeder Mensch vom anderen.

Welche Menschen sind schlechte Zuhörer?

Es gibt Frauen und Männer, die sich gut auf andere einstellen können, und es gibt Partner, die mit dem Zuhören Schwierigkeiten haben. Dazu gehören:

Arbeitssüchtige:
Sie sind pausenlos mit Projekten, Stoffen und Themen beschäftigt, die sie voll und ganz ausfüllen. Beim Essen liegen nicht selten Zettel neben ihnen, auf denen sie Termine, Vorschläge und Überlegungen notieren. Frauen und Männer können von Arbeitssucht betroffen sein. Sie gönnen sich keine Pause, machen drei oder vier Dinge gleichzeitig und sind in Gedanken stets mit irgendwelchen Plänen beschäftigt.

Redselige:
Dies betrifft mehr die Frauen als die Männer. Sie können nicht zuhören, weil sie selbst reden wollen. Herzen und Hirne sind voll gestopft mit kleinen interessanten und uninteressanten Begebenheiten. Ihr Mitteilungsdrang ist ungebremst. Wenn sie erscheinen, sprudelt es nur so aus ihnen heraus.

Einsame:
Wieder geht es um Frauen und Männer. Weil sie allein und einsam sind, sammeln sich tausend Gedanken an, die sie liebend gern mit anderen Menschen austauschen wollen. Wenn sie dann zu Wort kommen, sind sie nicht auf Zuhören eingestellt, sondern wollen sich mitteilen.

Darstellungstypen:
Sie brauchen eine Bühne, brauchen Zuhörer, die an ihren Lippen hängen. In der Regel können sie sich wunderbar verkaufen. Es handelt sich mehrheitlich auch um gute Unterhalter, sie sind witzig und launig. Die kleinste Pause, die entsteht, wird von ihnen sofort genutzt, um ihr Repertoire zu verströmen.

Ein paar Hinweise für die Praxis des Gesprächs

1. *Zuhören ist kein Versuch, den Partner zu therapieren.*
   - Der Therapeut *muss* ein guter Zuhörer sein.
   - Ehegespräche haben jedoch keine therapeutische Funktion.

2. *Zuhören heißt, bestimmte Schlüsselworte aufgreifen.*
   - »Du sprachst eben beiläufig über Geld. Was willst du damit sagen?«
   - »Du hast das Gefühl; dass wir nie in Konzerte gehen. Was vermisst du?«

3. *Zuhören heißt, sich vergewissern, ob ich den Partner richtig verstanden habe.*
   - Ein guter Zuhörer wiederholt die Gedanken des Partners und fragt: »Habe ich dich richtig verstanden, du möchtest am liebsten bei XYZ nicht mehr einkaufen?«
   - »Mir kam es so vor, dass du in diesem Jahr lieber Urlaub an der See machen möchtest. Ist das richtig?«

4. *Zuhören heißt, Andeutungen des Partners nicht zu überhören.*
   - Frauen und Männer haben oft die Angewohnheit, bestimmte Dinge nicht klar auszusprechen. Sie haben Angst, anzuecken oder wollen nicht unbescheiden wirken.
   - Sie lassen eine Andeutung beiläufig fallen und testen den Partner, ob er den Faden aufgreift. Partner, die solche hingeworfenen Gedanken nicht aufgreifen, werden unbewusst als lieblos und unsensibel charakterisiert.

Nicht jeder Mensch hat von klein auf gelernt, Wünsche und Bedürfnisse offen und deutlich auszusprechen.

Baustein 5:
Beide nehmen die Elternrolle an

Die wichtigste Veränderung in der Partnerschaft ruft die Geburt des ersten Kindes hervor. Die Paarbeziehung wird auf eine harte Probe gestellt.

Viele Männer haben eine Frau geheiratet und an Kinder nicht gedacht.

Viele Männer haben eine Zweierbeziehung gesucht und Kinder nicht in Rechnung gestellt.

Viele Männer wollen in erster Linie eine Liebesbeziehung.

Das erste Kind schafft eine völlig neue Situation. Beide müssen sich hüten, ihre Rolle als Liebende und Ehepartner zu versäumen. Manche Mütter gehen ganz und ausschließlich in der Kindererziehung auf. Sie vernachlässigen den Partner, oder der Partner fühlt sich als drittes Rad am Wagen. Eine solche *Über*bewertung des Kindes zieht häufig die *Unter*bewertung der Ehe nach sich.

Die Partner können sich auseinander leben.

Die Partner können ihre Gemeinsamkeit untergraben.

Zwei Eheleute ziehen – wie zwei Pferde – den Wagen Familie und traben nebeneinander her. Die Elternrolle bedeutet:

- Mutter und Vater sind beide für Erziehung und Familienleben verantwortlich.
- Mann und Frau brauchen Zeit füreinander, damit Zuneigung und Zärtlichkeit nicht verkümmern.
- Mann und Frau brauchen den Austausch, damit die Gewichte in der Familie nicht ungünstig verschoben werden.

Es ist ein wichtiger Baustein, Elternschaft und Partnerschaft segensreich miteinander zu verbinden.

Baustein 6: **Machen Sie sich nichts vor!**

Ein Ehepaar kommt in die Beratung. Sie haben Erziehungsprobleme mit dem 14-jährigen ältesten Sohn. Der Vater sagt:

»Ich verstehe alles nicht. Unsere Ehe ist in Ordnung. Wir haben keine Probleme. Eigentlich brauchen wir keine Hilfe und Beratung.«

Ein anderes Ehepaar kommt. Beide setzen sich. Ich nehme meinen Schreibblock, schaue beide an und frage: »Was führt Sie zu mir?«

Der Mann schaut seine Frau an und sagt zu ihr:

»Erzähl du, was du auf dem Herzen hast. Du hast doch ein Problem.«

Viele Männer, das zeigen Statistiken weltweit, sind in der Ehe pauschal glücklicher und zufriedener als Frauen. Sie problematisieren weniger. Viele Probleme und Bedürfnisse der Partnerin nehmen sie nicht ernst. Frauen sind pauschal ehrlicher, äußern Gefühle und Unzufriedenheit schneller. Aber sie stoßen häufig bei ihren Männern auf taube Ohren. Darum werden mindestens zwei Drittel aller Scheidungen in den europäischen Ländern von Frauen eingebracht.

Viele Männer sind auch zu stolz, über Streitigkeiten im Zusammenleben zu sprechen. Man kann mit Bestimmtheit sagen: Eine Ehe, in der keine Bewegung ist, weil beide sich mit dem Zustand abgefunden haben, ist im Grunde eine problematische Beziehung.

Viele Männer schweigen auch, weil sie am Arbeitsplatz hart gefordert werden. Sie wollen in Ruhe gelassen werden. Sie wollen nicht, dass aus Mücken Elefanten gemacht werden. Aber die Atmosphäre der Ehe leidet. Die Beziehung erkaltet. Die Frauen sind es, die leiden.

Männer schweigen, Frauen kritisieren.

Männer überhören, Frauen resignieren.

Männer verdrängen, Frauen verzweifeln.

Darum gilt: Liebe Männer, nehmen Sie die Kritik Ihrer Partnerin ernst! Bagatellisieren Sie nicht! Sprechen Sie nicht von Kleinigkeiten! Überhören und verdrängen Sie die Anfragen und Bedürfnisse Ihrer Partnerin nicht. Machen Sie sich nichts vor!

Fragen zur Selbstprüfung

- Hören Sie als Mann von Ihrer Frau häufiger den Satz: »Du hörst mir gar nicht zu, und du nimmst mich nicht ernst.«?
- Fühlen Sie sich genervt, wenn Ihre Partnerin mit Problemen kommt, die Ihnen nebensächlich erscheinen?
- Finden Sie Zeit, in der Partnerschaft über Gefühle, Bedürfnisse und versteckte Wünsche zu sprechen?
- Sind Sie auch im weitesten Sinn mit Ihrer Ehe zufrieden, nur Ihre Partnerin findet immer wieder ein Haar in der Suppe?
- Glauben Sie auch, Sie sind mit einer sehr empfindsamen (empfindlichen) Frau verheiratet?
- Was geht in Ihnen vor, wenn Sie bei einigen Fragen nicken mussten?

Baustein 7: Wir können uns durch Versachlichung verändern

Vorwürfe und Kritik kommen in allen Ehen vor. Ebenso Missverständnisse und Meinungsverschiedenheiten. Sie gehören zum Alltag. Aber wie gehen Partner hilfreich und konstruktiv mit Vorwürfen, Missverständnissen und Kritik um?

Ein Beispiel aus unserer eigenen Ehe:
Ch = Charlotte
R = Reinhold

Ch: »Wir waren kurz verheiratet, da bekamen wir den ersten handfesten Krach. Es war wohl an einem Sonntag. Ausgerechnet nach dem Gottesdienst. Wir hatten gut zu Mittag gegessen und fühlten uns sichtlich wohl. Mein Mann sagte zu mir: ›Lass alles stehen und liegen, wir halten zuerst einen Mittagsschlaf. Anschließend helfe ich dir beim Abwasch.‹ Irgendwie passte mir das nicht, aber ich konnte es nicht richtig begründen. Ruhig schlafen konnte ich nicht. Irgendetwas lief nach meinem Empfinden schief. Später wurde mir klar: Ich muss erst alles erledigt haben, sonst finde ich keine innere Ruhe. An der Stelle bin ich ein richtiger Perfektionist.«

R: »Ich kann mich noch gut an die Szene erinnern, auch wenn sie Jahrzehnte zurückliegt. Wir sind in der Tat sofort ins Bett gegangen. Ich schlief gleich ein, doch als ich nach einer halben Stunde meine Augen öffnete, lag meine Frau mit großen offenen Augen da. Ich fragte: ›Warum schläfst du nicht?‹ Und sie sagte allen Ernstes: ›Ich kann nicht schlafen, da unten steht der Abwasch.‹ Ich muss völlig verblüfft dreingeschaut haben. Ich verstand die Welt nicht mehr. In Sekundenschnelle wurde ich sehr wütend, sehr laut und sehr unangenehm. ›Wie kann man sich so kindisch verhalten?!‹ Das war eine schlimme und dumme Ohrfeige. Sie schimpfte zurück und beklagte mein mangelndes Einfühlungsvermögen. Die gesamte erotische Begleitmusik war selbstredend auch mit einem Schlag vorbei.«

Was lernen wir daraus?

1. Der andere darf so sein, wie er ist.
R: »Das liegt mir sehr am Herzen. Liebe heißt: Ich liebe dich brutto. Ich liebe dich mit allen Fehlern, Schwächen und Eigenarten und wünsche mir: Du hältst es genauso.

Liebe will den anderen nicht *ummodeln.*
Liebe will den anderen nicht *erziehen.*
Liebe will dem anderen keine *Vorschriften machen.*«

2. Mein Mann hat daraus Konsequenzen gezogen
Ch: »Wenn wir sonntags wieder nach dem Essen ins Bett gehen, hilft mir mein Mann, zuerst die Küche in Ordnung zu bringen. Ich brauche dieses Gefühl, dass alles in Ordnung ist. Selbst wenn die Einstellung ›kindisch‹ ist, ich darf sie haben, ich darf sie leben.

Vom Begründer der Eheberatung in Deutschland, Dr. Jochen Fischer, habe ich das schöne Wort gehört: ›Die treffendste Übersetzung für das Wort Liebe ist: Ich sage Ja zu dir, zu deinen Stärken und zu deinen Schwächen, zu deinen Eigenarten und Angewohnheiten.‹«

3. Hüten Sie sich, ein Konfliktvermeider zu werden!
R: »Im Allgemeinen kann meine Frau deutlicher und klarer ihre Wünsche und Bedürfnisse formulieren als ich. Ich neige dazu, Frieden zu wollen und Harmonie zu leben. Die Gefahr ist, nachzugeben, und zwar nicht aus wirklicher Überzeugung, sondern aus Schwäche, aus Feigheit und aus Harmoniesucht. Und die Folge?

- Ich schweige, wenn ich reden sollte.
- Ich schweige und sammle Rabattmarken gegen den anderen.
- Ich schweige und fülle mich mit Bitterkeit.

Die Fassade der Ehe stimmt, aber im Keller heulen die Wölfe.

Ich habe schon früh in der Ehe gelernt: ›Sag's mit Blumen, aber sag's! Bleib höflich, aber sprich aus, was dich bewegt.‹«

Wir fragen uns

- Wie gehen wir mit Vorwürfen, Kritik und Missverständnissen um?
- Schlagen wir verbal zurück?
- Schlucken wir die Vorwürfe und fressen alles in uns hinein?
- Reagieren wir leicht mit psychosomatischen Beschwerden?
- Setzen wir uns gleichgültig über Vorwürfe und Kritik hinweg und nehmen die Beschwerden des Partners nicht ernst?
- Ist einer von uns ein Konfliktvermeider?
- Reagieren wir empfindlich und erpressen den Partner, seine Bedürfnisse für sich zu behalten?
- Wie viel Vorbehalte und Ressentiments haben wir gegen den Partner gespeichert?

Baustein 8: Lernen Sie faires Streiten!

Selbstverständlich gibt es immer wieder lauten oder leisen Streit zwischen den Partnern. Streit klärt Probleme, wenn er fair und ehrlich geführt wird.

Paare, die sich ständig streiten, führen einen Machtkampf.

Einer will *bestimmen.*

Einer will das *letzte Wort* behalten.

Einer will *Recht haben.*

Einer will nicht *nachgeben.*

Solche Ehen sind hochgradig gefährdet. Keiner bietet konstruktive Lösungen an.

Missverständnisse gehören zur Ehe.

Unterstellungen rufen Abwehr hervor.

Unerhörte Bitten machen ärgerlich.

Vergessene Geburtstage schüren die Resignation.

Böse Verletzungen machen rachsüchtig.

Es gibt den einleuchtenden Satz: Zum Streiten gehören zwei. Und die Kunst ist es, dass einer den Streit beendet.

Vier Reaktionen, mit Streit umzugehen

Es gibt einige Strategien, die in allen Beziehungen praktiziert werden. Diese Einstellungsmuster sind typisch und haben mit dem Lebensstil dieser Menschen zu tun. Wir alle praktizieren – ohne Ausnahme – einen uns kennzeichnenden Lebensstil. Der Lebensstil verkörpert alle Denk- und Einstellungsmuster des Menschen. Er spiegelt seine individuellen Lebens-, Glaubens- und Weltanschauungsprinzipien wider. Er beschreibt die Art,

- wie er auf Streit und Konflikte reagiert;
- wie er im Allgemeinen mit Menschen umgeht, die ihn verletzen;
- wie er sich schützt und dem Angriff begegnet;
- wie er seinem Ärger und seiner Enttäuschung Luft macht.

***Strategie 1:* Der Mensch kämpft**

Frauen wie Männer praktizieren nicht selten diese Haltung. Sie gehen sofort zum Kampf über. Ihr Motto lautet: »Angriff ist die beste Verteidigung.«

Sie führen den Erstschlag.
Sie machen den Gegner fertig.
Sie machen den anderen verantwortlich.
Sie kritisieren laut und leidenschaftlich.
Sie schüchtern ein und drohen.
Sie wollen, dass der andere klein beigibt.

***Strategie* 2: Der Mensch flüchtet**
Um der Konfrontation aus dem Weg zu gehen, ziehen sich die Menschen wortlos zurück.
Sie weigern sich zu reden.
Sie schweigen und lösen keine Probleme.
Sie haben Angst vor Auseinandersetzungen.
Sie kehren die Probleme unter den Teppich.
Sie wollen mit Glacéhandschuhen angefasst werden.
Die große Gefahr besteht darin, dass der Partner – häufig ist es der Mann – den Streit beendet, schweigt und den Kampfplatz verlässt.
Die Frau bestraft ihn mit Liebesentzug und ist wütend, dass er flieht.
Sie will, dass er sich stellt.
Sie will, dass er Farbe bekennt.

***Strategie* 3: Der Mensch bagatellisiert**
Solche Partner sind keine Kämpfer und auch keine Flüchtlinge.
Sie machen sich und anderen etwas vor.
Sie tun so, als sei alles in Ordnung.
Sie stimmen allem zu und scheinen zufrieden.
Sie sehen keine Probleme.
Sie brauchen keine Hilfe.
Sie verkleinern und beschönigen.
Sie lächeln und überspielen.
Der Angriff des anderen geht ins Leere. Es leuchtet ein, dass dieses verlogene Spiel unehrlich ist, keine Probleme löst und unterschwellig beide Partner unzufrieden lässt. Dieses Herunterspielen, Beschönigen und Bagatellisieren ist zutiefst verlogen. Es zerstört die Vertrautheit und lässt das Gegenüber resignieren.

***Strategie* 4: Der Mensch gibt auf**
Die Taktik kommt bei Frauen und Männern vor. Einer nimmt alle Schuld auf sich und nimmt dem Gegenüber den Wind aus den Segeln.

»Ja, ich habe das falsch gemacht!«
»Mit mir bist du bestraft!«
»Ich bin eben zu nichts zu gebrauchen!«
»Wenn du eine andere (einen anderen) geheiratet hättest, wärst du von diesem Elend befreit.«
Diese Menschen praktizieren den Märtyrerkomplex. Sie nehmen alles auf sich, um Frieden zu bekommen. Demütig verzichten sie auf alle eigenen Wünsche und Bedürfnisse. Sie opfern sich für den Partner auf und machen sich etwas vor. Der Partner, der bedient und gut versorgt wird, spürt nicht mehr, dass der andere ein Konfliktvermeider ist, der lieber alle Schuld auf sich bezieht und so dem Streit aus dem Wege geht.
Viele depressiv Belastete praktizieren dieses Muster.

Alle vier Taktiken und Methoden sind negativ. Es bleibt dabei:
Vorwürfe und Anklagen müssen geklärt werden. Missverständnisse dürfen nicht unter den Teppich gekehrt werden. Wünsche und Bedürfnisse müssen besprochen werden.
Wer sie verschweigt, überhört, herunterschluckt oder überspielt, riskiert eine Explosion. Er lädt sich mit Sprengstoff auf.
Was können Ehepartner konkret tun?

Tipp 1: Greifen Sie den Konflikt auf!
Auseinandersetzungen müssen auf den Tisch. Die Wahrheit muss ans Licht. Wer schweigt, füllt sich mit Bitterkeit. Frauen und Männer lassen einen Nebenkriegsschauplatz zu. Sie vergeuden ihre Energien und bekämpfen sich auf anderen Gebieten.

Tipp 2: Schieben Sie keinen Streit vor sich her!
In allen zwischenmenschlichen Beziehungen gibt es Konfliktvermeider. Sie gehen Auseinandersetzungen aus dem Wege. Sie glauben, Probleme würden sich durch Liegenlassen lösen. Oft gehört ein Gegenüber dazu, das sofort alle Probleme in Angriff nimmt. Der eine flieht, der andere stellt sich. Der eine weicht aus, der andere fordert die Auseinandersetzung. Wer sich selbst stellt, hilft dem Partner. Wer den Streit vor sich herschiebt, verstärkt die Problematik und verlängert die innere Spannung.

Tipp 3: Versuchen Sie den Streit zu verstehen!
Was wird zwischen Frau und Mann gespielt?
Kommen solche Streitsituationen häufiger vor?

Wie lauten die offenen oder versteckten Motive?
Wer ärgert sich über was besonders?
Wer fühlt sich angegriffen?
Wer reagiert empfindlich?
Wer will den Partner demütigen?
Wer will Recht behalten?
Wer ist ein Prinzipienreiter?
Wer wehrt sich gegen Überforderung?
Für die Lösung eines Problems ist Einsicht in die Streitzusammenhänge wichtig. Faule Kompromisse fachen nach kurzer Zeit das Feuer wieder an.

Die Bibel formuliert die Motive für Streit und Auseinandersetzungen ausgesprochen präzise:

»Was verursacht die Kriege und Streitigkeiten unter euch? Sind es nicht die vielen Begierden, die in euch kämpfen? Ihr begehrt und habt nichts; ihr schmiedet Pläne und tötet, und bekommt nichts. Ihr seid neidisch auf das, was andere haben, und könnt es nicht bekommen; also kämpft und streitet ihr, um es ihnen wegzunehmen ...« (Jakobus 4,1-2).

Jakobus nennt die verborgenen Hintergrundmotive.

- In uns toben Leidenschaften und Triebe, die keinen Frieden verraten. Wollen wir herrschen, das letzte Wort behalten und uns gegen den Partner durchsetzen?
- Wollen wir ichsüchtig bestimmen? Sind wir eifersüchtig, dass es einer besser hat? Dass einer mehr über seine Zeit bestimmen kann?

Tipp 4: Die Partner stellen sich in Frage.
Irren ist menschlich.
Vorurteile gehören zum Leben.
Unterstellungen können hinterfragt werden.
Irrige Annahmen können korrigiert werden.
Wer sich eine Frage stellt, ist für die An- und Einsichten seines Partners offen.
Jesus hat in der Bergpredigt unsere Urteile ins Visier genommen.
»Hört auf, andere zu verurteilen, dann werdet auch ihr nicht verurteilt (...) Warum regst du dich über einen Splitter im Auge deines Nächsten auf, wenn du selbst einen Balken im Auge hast?« (Matthäus 7ff.).
Alle Urteile fallen auf uns zurück.
Mit den Urteilen, die wir treffen, werden wir in der Ewigkeit gemessen. Im Streit werden viele Partner ungerecht. Die eigene Schuld wird verkleinert.

Die Schuld des Partners wird aufgebauscht.
Wer sich in Frage stellt, nimmt dem Partner den Wind aus den Segeln.
Wer sich in Frage stellt, ermutigt sein Gegenüber, sich auch gesprächsbereit zu verhalten.

Tipp 5: Suchen Sie eine Lösung, die beide befriedigt!
Geben Sie nicht aus Schwäche nach.
Wer aus Angst nachgibt,
wer um des lieben Friedens willen nachgibt,
wer nachgibt, um endlich Ruhe zu haben, tut sich und seiner Ehe einen schlechten Dienst. Er speichert Unzufriedenheit, Rachegefühle und Bitterkeit. Der eheliche Friede ist gestört. Der unterschwellige Kampf geht weiter. Vielleicht müssen beide einen Teilverzicht üben. Die Lösung, die beide befriedigt, ist eine Notwendigkeit. Sie wendet in der Tat die Not.

Fragen zur Selbstprüfung

- Sie haben die vier Streit-Strategien gelesen. Welche Strategie entspricht am ehesten Ihren Praktiken?
- Sie kennen auch die Strategie Ihres Partners bzw. Ihrer Partnerin. Spielen Sie sich perfekt in die Hände?
- Was sind die bewussten oder mehr unverstandenen Motive für Ihre Streitmuster?
- Was wollen Sie mit Ihren Mustern bezwecken? Was wollen Sie erreichen?
- Wollen Sie Ihre Umgangsmuster im Streit beibehalten?
- Ist Ihr Gegenüber mit Ihrer Streitpraktik einverstanden? Oder leidet es?
- Was stört oder ärgert Ihren Partner am meisten?
- Sind Sie bereit, ein Störverhalten in Arbeit und ins Gebet zu nehmen?

Baustein 9:
Beide gehen positiv miteinander um

Professor Gottman, der in Amerika einige Jahrzehnte glückliche und unglückliche Ehen untersuchte, kam zu dem Schluss:
»Glücklich verheiratete Paare sind nicht klüger, reicher oder, psychologisch gesehen, raffinierter als andere. Aber sie haben in ihrem Alltag eine

Dynamik entwickelt, die verhindert, dass die negativen Gedanken und Gefühle (die es bei allen Paaren gibt) die positiven überdecken. Sie führen, wie ich es nenne, eine von emotionaler Intelligenz getragene Ehe (...) Je besser die Partner einander und ihre Ehe verstehen, ehren und respektieren können, desto wahrscheinlicher ist es, dass sie wirklich bis an ihr Lebensende gemeinsam glücklich sein können.«[3]

Gottman geht davon aus, dass Paare, die nur zehn Prozent ihrer wöchentlichen Trainingszeit – etwa 20 Minuten am Tag – darauf verwenden, an ihrer Ehe zu arbeiten anstatt an ihrem Körper, dreimal mehr Gesundheit ernten würden, als wenn sie Langlauf machen.

Menschen, die positiv miteinander umgehen, streiten sich auch, haben Auseinandersetzungen, giften sich hin und wieder an, aber

- die Zuneigung ist insgesamt größer als der augenblickliche Streit,
- die Sympathie ist insgesamt stärker als Wut und Ärger,
- das gute Gefühl füreinander ist intensiver als eine immer wiederkehrende Unzufriedenheit.

Beide unterstützen sich.
Eine Hand wäscht die andere.
Ein Lächeln wird mit einem Lächeln beantwortet.
Ein Kuss wird liebevoll mit einem Kuss vergolten.
Eine Hilfe wird immer wieder mit einer positiven Geste quittiert.
Die Ehepartner sind nicht mit Aufrechnen und Abrechnen beschäftigt. Sie wissen, dass sie immer füreinander da sind.

Beide gehen gemeinsam ihren Weg, auch wenn zwischendurch mal die Türen knallen, böse Worte durch die Räume fliegen und für Minuten, auch mal für Stunden die Harmonie verflogen zu sein scheint.

Die Liebe ist kein brillantes Feuerwerk, das pausenlos neu abgebrannt wird. Die Partner kennen sich, sie sind vertraut mit allen Vorteilen, Abneigungen und persönlichen Eigenarten. Sie kennen die Hoffnungen und Tränen des Partners.

Entscheidend ist:

- Sie pflegen eine ständige Achtung voreinander.
- Sie bekunden ihre Zuneigung in kleinen Gesten und bei kleinen Anlässen.
- Sie bejahen auch die Eigenwilligkeiten des Partners und hacken nicht ständig auf diesen Eigenarten herum.

- Sie unternehmen keine überteuerten Reisen, um wieder Schwung in die langweiligen Beziehungen zu bringen.
- Sie reagieren selten oder nie tief beleidigt und tief gekränkt, wenn mal einer losbrüllt oder die Fassung verliert.
- Sie haben es nicht nötig, herausragende Ereignisse zu planen, um der Ehe wieder neuen Glanz zu verleihen.

Die Beziehungen sind in Ordnung und die Gefühle füreinander zufriedenstellend. Die überwiegend positiven Empfindungen verhindern Bitterkeit, ein Abstumpfen der Liebesgefühle und die Gedanken an Scheidung.

Die positive Grundeinstellung drücken beide nicht übermotiviert und mit übertriebenen Worten aus. Aber sie bekennen glaubhaft: »Wir sind beide glücklich und zufrieden.«

Der gegenseitige Respekt und die Zuneigung werden im Galaterbrief so umschrieben:

»Helft euch gegenseitig bei euren Schwierigkeiten und Problemen, so erfüllt ihr das Gesetz Christi« (Galater 6,2).

Ein ideales Schlüsselwort für Paare. Es konkretisiert das Gesetz der Nächstenliebe.

Baustein 10: Versetzen Sie sich in den anderen hinein!

Das ist eine Hochform der Liebe.
Das ist die hohe Schule des Zusammenlebens.
Wie *wir selbst* fühlen, denken und handeln, wissen wir. Das genau ist der Fehler vieler Paare, die Schwierigkeiten im Zusammenleben haben.
Wir gehen von *uns* aus.
Wir sagen *unsere* Meinung.
Wir tragen *unsere* Bedenken vor.
Wir berichten über *unsere* Ängste.
Wir bleiben bei *unseren* Behauptungen.
Dem Partner ergeht es ähnlich. Jeder vermittelt seinen Standpunkt.
Beide gehen nicht aufeinander ein.
Beide hören nicht zu.
Beide reden aneinander vorbei.
Beide entfernen sich voneinander.
Beide bleiben einsam, weil der Austausch ihrer Empfindungen fehlt.

Je fester *unsere* Meinungen, je einseitiger *unsere* Überzeugungen, desto mehr versuchen wir, den Partner zu überreden. Wir verbringen viel Zeit damit, den anderen zu verändern.

»Wenn er meiner Meinung ist, kann ich ihn richtig lieben.«

»Wenn er mir zustimmt, geht es mir besser.«

Wir wollen ihn umerziehen.

Wir wollen ihn ummodeln.

Wir wollen ihn nach unseren Vorstellungen verändern.

»Wenn er meine Überzeugung teilen würde, hätten wir Frieden.«

Diese Anstrengungen sind lieblos, sie führen zu nichts.

Ein Weiser in der Vergangenheit hat drei verschiedene Sätze geäußert, die für Partnerbeziehungen lebensnotwendig sind:

- Ich will mit den Augen *des anderen* alle Dinge und Probleme *sehen.*
- Ich will mit den Ohren *des anderen* alle Dinge und Probleme *hören.*
- Ich will mit dem Herzen *des anderen* alle Dinge und Probleme *fühlen.*

Meine Augen sehen Geschehnisse, Begebenheiten und Ereignisse auf dem Hintergrund meiner Erfahrungen und meiner Deutungen.

Meine Ohren hören Gespräche des anderen, der Eltern, der Politiker und Prediger mit der Deutung, die ich mir im Laufe der Jahre angeeignet habe.

Mein Herz kommentiert Erfahrungen, Gespräche mit anderen Menschen, Versprechungen, Befürchtungen und Appelle auf dem Hintergrund meines Gewordenseins.

Diese unterschiedlichen Erfahrungen, Einsichten, Maßstäbe und Beurteilungen führen schnell zu unsinnigen Auseinandersetzungen und Entzweiungen. Die Zuneigung ist gestört. Die Liebe wird blockiert.

Für alle zwischenmenschlichen Begegnungen, aber besonders für Ehe und Partnerschaft sind diese Gedanken des Weisen revolutionär.

Sie bewahren uns vor *Rechthaberei.*

Sie bewahren uns vor *Einseitigkeit.*

Wer sich in den anderen hineinversetzt,

- will *seine* Empfindungen verstehen.
- will *seine* Gedanken auf sich wirken lassen.
- will *seine* Ängste und Befürchtungen aufgreifen.
- will *seine* Beurteilungen ernst nehmen.

Dieser Baustein ist für unterschiedliche Charaktere und unterschiedliche Lebenserfahrungen, die wir als Frau und Mann in die Beziehung einbringen, wegweisend.

Paulus beschreibt diese wahre Liebe im 1. Korintherbrief:

»Wenn ich bei den Schwachen bin, werde ich bei ihnen wie ein Schwacher, um sie für Christus zu gewinnen. Ja, ich versuche bei allen Menschen eine gemeinsame Grundlage zu finden, um wenigstens einige von ihnen für Christus zu gewinnen« (1. Korinther 9,22).

Paulus will Menschen für Christus gewinnen. Er versetzt sich in sie hinein. Seine Gefühle, seine Vorstellungen und Gedanken stellt er zurück. »Ich werde wie sie.« Das heißt doch:

- Ich teile ihre Gedanken und Vorstellungen.
- Ich versetze mich in ihre Welt hinein.
- Ich nehme ihre Überzeugungen und Wahrnehmungen ernst.
- Ich versuche, ihre Wünsche und Bedürfnisse zu verstehen.

Dieses Hineinversetzen in den anderen ist in der Tat wahre Liebe.
Das Zusammengehörigkeitsgefühl wird gestärkt,
die Zuneigung gefördert und
die Zufriedenheit in der Ehe verbessert.

Baustein Nr. 11:
Lassen Sie Ihre Gleichgültigkeit los!

Gleichgültigkeit ist ein gefährlicher Spaltpilz im ehelichen Zusammenleben.

Gleichgültigkeit bewirkt, dass man das Verletzen seiner Seele nicht spürt.

Gleichgültigkeit bewirkt, dass man aufgibt, die negativen Umstände des Zusammenlebens zu ändern.

Gleichgültigkeit bewirkt Gefühllosigkeit.

Das Leben verliert seinen Reiz. Die Liebe erstickt. Die wahren Bedürfnisse und Empfindungen sind wie abgestorben. Gleichgültigkeit beinhaltet: Ich habe das Gefühl, das Gewünschte nicht zu bekommen. Mein Interesse für das Leben, für Partnerschaft und für schöne Stunden zu zweit gehören der Vergangenheit an. Alle Kraft und Zielstrebigkeit sind verbraucht. Um den Schmerz zu vermeiden, wagt man sich nicht mehr aus seiner Gleichgültigkeit heraus. Der Mensch verschließt sich, und alles Interesse erlahmt.

Da ist Frau Sara. Mit ihrem Mann lebt sie seit acht Jahren zusammen. Ganz allmählich haben sich böse Abnutzungserscheinungen in der Ehe breit gemacht.

»Hundertmal habe ich ihm schon gesagt, dass er die Haustür abschließen soll, wenn er geht und nicht nur ins Schloss fallen lässt. Für ihn ist die Tür zu. Für mich ist die Tür offen. Als ich mal meinen Schlüssel drinnen stecken gelassen hatte und der Schlüsseldienst kommen musste, steckte der Mann nur eine Karte in den Schlitz und schon war die Tür offen. Seit dieser Zeit habe ich wahnsinnige Angst, ein Verbrecher könnte den Trick benutzen und mich bedrohen, wenn mein Mann die Tür offen gelassen hat. Er nimmt mich einfach nicht ernst.«

Das ist *ein* Verhaltensmuster, das der Mann praktiziert und seine Frau dadurch nicht ernst nimmt. Ein Jahr lang hat sie sich an ihm gerächt und ihm im Bett seine Lieblosigkeit heimgezahlt.

Dann wurden beide gleichgültig.

Sie ließ ihn links liegen.

Sie lief gleichgültig neben ihm her.

Sie hat alle Wünsche und Bedürfnisse begraben.

Sie hat ihre Träume aufgegeben.

Sie wurde kalt, misstrauisch und unnahbar.

Sie stumpfte ab und ließ alle Hoffnung fahren.

Was können beide tun?

1. Wer anderen Vorwürfe macht, dass er nicht glücklich ist, verzichtet auf die Möglichkeit, sich selbst zu heilen.
   Durch Vorwürfe an den Partner gibt man die Eigenverantwortung auf.
   Wer
   - dem Partner,
   - den Umständen,
   - der Erziehung,
   - der Vergangenheit,
   - den Eltern

   die Schuld in die Schuhe schiebt, verliert das Vertrauen zu sich selbst.
   Er kann keine Veränderung herbeiführen.
   Solange man sich von anderen abhängig macht, ist man unfähig, selbst dafür zu sorgen, dass es wieder besser wird.

2. Eine therapeutische Regel im Zusammenleben lautet:
   »Sag mir, was du bisher getan hast. Wenn deine Bemühungen erfolglos

waren, dann rate ich dir: Tu das Gegenteil. Du wirst über den Erfolg verblüfft sein.«
Die Frau hat Vorwürfe gemacht.
Die Frau hat den Partner angeklagt.
Die Frau hat geschimpft. Wie lautet das Gegenteil?
Nimm den Partner in den Arm und flüstere ihm lieb ins Ohr, dass du wahnsinnig leidest, wenn die Haustür unabgeschlossen bleibt.
»Du nimmst eine schreckliche Angst von mir, wenn ich weiß, dass die Tür fest zu ist. Danke!«
In der Therapie sprechen wir von »Verblüffung« oder von »Paradoxer Intention«. Welcher Mann kann wirklich widerstehen, wenn er liebevoll und zärtlich gebeten wird, seinen Trotz und Widerstand aufzugeben?
Wer absichtlich die Tür immer wieder offen lässt, führt einen unterschwelligen Machtkampf. Er will bestimmen und das letzte Wort behalten. Selbstverständlich ist das ein unpartnerschaftliches und liebloses Verhalten.

3. Verzeihen heißt, sich von der Neigung zu lösen, andere für seine Probleme in der Welt haftbar zu machen.
   Wer den Finger des Vorwurfs erhebt, erlebt, dass immer drei Finger auf einen selbst zurückweisen. Durch Verzeihen gewinnt man die Fähigkeit zurück, sich zu beschaffen, was man braucht und haben möchte.
   Was kann die Frau sagen?
   »Ich schäme mich, dass ich dir seit langem Vorwürfe mache, weil du die Tür nicht richtig abschließt. Ich bin bitter und gleichgültig geworden und meine Liebe zu dir ist völlig abgekühlt. Ich habe mich gerächt. Und dieses Verhalten finde ich schlimm. Ich bitte dich herzlich um Vergebung.«
   Vorwürfe sind Anklagen.
   Vorwürfe rufen Widerstand hervor.
   Vorwürfe verschlechtern die Beziehung.
   In der Regel würde ein solches Verhalten den Mann tief im Herzen berühren. Ihm würde bewusst, wie sehr er seine Partnerin verletzt hat. Verzeihen versöhnt, es löst Konflikte und baut die Gleichgültigkeit ab.

4. Besonders für Männer gilt: Viele Frauen leiden in der Regel mehr darunter,
   - dass Partner Kritik nicht hören.

- dass Partner Versäumnisse nicht ernst nehmen.
- dass Partner Wünsche und Bedürfnisse gleichgültig behandeln und dass Partner ungewollt ihre Liebe unterlaufen.

Für die Partnerin gilt: Wer etwas »zigmal« sagen muss, erzieht den Partner zur Schwerhörigkeit. Er wird »partnertaub«.

Baustein Nr. 12: Eigenschaften, die zufriedene Paare charakterisieren

Folgende Gesichtspunkte tauchen immer wieder in positiven Beziehungen auf. Auch die Forschung bestätigt diese Eigenschaften, die Frau und Mann kennzeichnen:

- Die Partner geben sich wechselseitig mehr positives Echo, und zwar verbal und nonverbal.
- Die Partner sprechen über ihre eigenen Gefühle, Gedanken und Wünsche.
- Die Partner verfügen über Bewältigungsstrategien, wenn Stress, Überforderung und Konflikte auftauchen.
- Die Partner geben sich öfter emotionale Unterstützung.
- Die Partner zeigen öfter, dass sie die Äußerungen des Gegenübers akzeptieren.
- Die Partner schreiben Verletzungen oder störendes Verhalten weniger der Persönlichkeit des Gegenübers zu.
- Die Partner können humorvoller mit den »Ecken und Kanten« des Gegenübers umgehen.
- Die Partner erinnern sich an mehr positive Erfahrungen mit dem Gegenüber.
- Die Partner stimmen häufiger mit den Darstellungen des anderen überein.
- Die Partner kritisieren und entwerten ihr Gegenüber seltener.
- Die Partner stoppen schneller Eskalationen und destruktive Kommunikationsabläufe.
- Die Partner ziehen sich in Konfliktsituationen weniger zurück und reagieren seltener aggressiv.
- Die Partner zeigen eher die Bereitschaft zu Konfliktlösungen und schließen leichter Kompromisse.

Hinweise an die Ehepartner

1. Sind Sie bereit, mit dem Partner Punkt für Punkt der Eigenschaften, die eine zufriedene Ehe ausmachen, durchzuarbeiten?
   Es lohnt sich, wenn jeder die Aussagen gewissenhaft überprüft und sich Fragen und Anmerkungen notiert.

2. Streichen Sie die Einstellungsmuster an, die nach Ihrer Meinung die Partnerschaft belasten oder in der Beziehung fehlen.

3. Wenn Sie beispielsweise vier Zahlen angestrichen haben, die verbesserungswürdig sind, gewichten Sie noch einmal die 4 Einstellungsmuster. Bestimmen Sie, welches Muster für Ihre Begriffe als Erstes bearbeitet und ins Gebet genommen werden soll.

4. Besprechen Sie miteinander, welche Motive, welche Ursachen, welche Ihrer Lebenseinstellungen das problematische Verhalten hervorrufen.

5. Versuchen Sie,
   - nicht zu kämpfen,
   - nicht Recht behalten zu wollen,
   - nicht den Partner zu überreden und
   - nicht den Partner zu kritisieren. Akzeptieren Sie, was der Partner empfindet und fühlt.

6. Ehe ist eine Aufgabe zu zweit. Keinem fallen Glück und Zufriedenheit ohne Mühe in den Schoß.

Baustein Nr. 13:
Sehen Sie Ihren Anteil!

Ein schwerer Fehler und eine wirkliche Sünde ist die Reaktion, im entscheidenden Augenblick dem Partner die Schuld in die Schuhe zu schieben.

Die Sünde begann im Paradies mit Adam und Eva.
Beide hielten ihren Kopf nicht hin.
Beide redeten sich heraus und schoben die Schuld auf den anderen:

»Hast du etwa von den verbotenen Früchten gegessen?«, fragte Gott den Mann nach dem Sündenfall.

»Die Frau, die du mir gegeben hast, reichte mir die Frucht, da habe ich gegessen«, antwortete der ertappte Mann.

»Warum hast du das getan?«, fragte Gott die Frau. Und sie antwortete mit der gleichen Leichtigkeit wie ihr Mann:

»Die Schlange ist schuld, sie hat mich dazu verführt« (vgl. 1. Mose 4,11-13).

Mit der Sünde ist ein Verhaltensmuster in die Welt gekommen, das bis heute überall praktiziert wird. Auch in der Ehe.

»*Du* hast mich geärgert, darum bin ich wütend geworden.«

»*Du* lernst das nie, was hat dir deine Mutter nur beigebracht?«

»*Du* hast angefangen. Ich muss mich doch wehren.«

Wenn zwei Menschen *kämpfen*, heißt das, dass beide einverstanden sind.

Wenn zwei Menschen *streiten*, heißt das, dass beide die Abmachung einhalten, streiten zu wollen. Sie kennen doch das Sprichwort, das in den 70er Jahren die Runde machte: »Stellen Sie sich vor, es ist Krieg, und keiner geht hin!«

Die Schuldverschiebung auf andere ist eine schlimme Eigenschaft und Sünde, die Jesus in einem Gleichnis anprangert:

»Warum regst du dich über einen Splitter im Auge deines Nächsten auf, wenn du selbst einen Balken im Auge hast? Mit welchem Recht sagst du: ›Mein Freund, komm, ich helfe dir, den Splitter aus deinem Auge zu ziehen‹, wenn du doch nicht über den Balken in deinem eigenen Auge hinaussehen kannst? Du Heuchler! Zieh erst den Balken aus deinem eigenen Auge; dann siehst du vielleicht genug, um dich mit dem Splitter im Auge deines Freundes zu befassen« (Matthäus 7,3-5).

Wer seinen *Balken* im Auge wahrnimmt, geht barmherzig mit dem Splitter im Auge des anderen um.

Wer seinen *Anteil* benennen kann, wird niemals ganz die Schuld auf den anderen schieben.

Fragen zur Selbstprüfung

- Ist es mein Anteil, dass ich meinen Ärger nicht rechtzeitig ausspreche, ihn herunterschlucke und dann explodiere?
- Ist es mein Anteil, dass ich zu viel Zeit in die Arbeit stecke und viel zu oft von zu Hause weg bin?
- Ist es mein Anteil, dass ich mich zu viel zurückziehe – hinter den Schreibtisch, hinter den Computer oder hinter das Fernsehgerät?
- Ist es mein Anteil, dass ich zu hohe Erwartungen an meinen Partner habe?
- Ist es mein Anteil, dass ich immer wieder erwarte, dass der Partner auf mich zukommt?
- Ist es mein Anteil, dass ich meinem Partner zeige, dass ich vieles besser weiß und ihn dadurch entmutige?
- Ist es mein Anteil, dass ich mich mehr um die Kinder, um den Hund und mein Hobby kümmere als um meinen Partner?
- Ist es mein Anteil, dass ich zu viel Verantwortung übernehme und meinen Partner entmündige?
- Ist es mein Anteil, dass ich nicht offen über Sorgen spreche und lieber mit Depressionen reagiere?

Baustein Nr. 14:
Leben Sie versöhnt mit sich selbst!

Wer mit sich versöhnt lebt, lebt versöhnter mit seinem Partner.

Wer Frieden in sich verspürt, geht friedvoller mit seinem Partner um.

Wer ausgeglichener sein Leben meistert, reagiert ausgeglichener auf sein Gegenüber.

Wer Versöhnung anstrebt, baut Brücken.

Er macht Zäune durchlässig.

Er reißt Mauern ein.

Er schüttet Gräben zu.

Er überwindet Grenzen.

Er reicht dem anderen die Hand.

Menschen, die mit sich selbst im Bürgerkrieg leben, die unversöhnt sind, tragen die Spaltung in andere hinein. Die innere Spannung kommt zustande, weil der Mensch die Diskrepanz zwischen Idealbild und Realbild auf die Spitze treibt.

Wer unzufrieden ist mit seiner *Leistung*,
wer unzufrieden ist mit seinem *Aussehen*,
wer unzufrieden ist mit seiner *Glaubenseinstellung*,
wer unzufrieden ist mit seinem *Dasein*, der gerät in Widerspruch mit seinem Partner, weil er gern seine hohen Ansprüche auf den anderen überträgt.

Wer versöhnt mit sich lebt, ist kein Konfliktvermeider.
Er will nicht Frieden um jeden Preis,
er will nicht Konflikte bagatellisieren,
er will nicht Harmonie vortäuschen.
Der Versöhnte hat Kraft, belastende Gefühle, Verletzungen und Kränkungen auszusprechen. Verschiedene Standpunkte können beide stehen lassen. Feindschaft und Hass sind begraben.

Der Prior des Benediktinerordens in Münsterschwarzach, Anselm Grün, charakterisiert den Menschen, der mit sich versöhnt lebt, so:
»Das Wort Versöhnung kommt vom Mittelhochdeutschen *süene* und meint: Schlichtung, Friede, Kuss. Und es klingt noch die Bedeutung mit: ›still machen, beschwichtigen‹. Sich mit sich selbst versöhnen heißt also: Frieden stiften mit mir selbst, einverstanden sein mit mir, so wie ich geworden bin. Den Streit schlichten zwischen den verschiedenen Bedürfnissen und Wünschen, die mich hin und her zerren. Die Spaltung aufheben, die sich in mir auftut zwischen meinem Idealbild und meiner Realität. Die aufgebrachte Seele beruhigen, die sich immer wieder auflehnt gegen meine Wirklichkeit. Und es heißt, das küssen, das mir schwer fällt, meine Fehler und Schwächen küssen, zärtlich umgehen mit mir selbst, gerade mit dem, was meinem Idealbild widerspricht.«[4]

Versöhnte Partner leben auch gesünder. Sie verhindern viele psychosomatische Störungen. Wer sich von Bitterkeit, Vorwürfen und Schuldgefühlen befreien will, erlebt durch Vergebung und Versöhnung inneren Frieden.

Wer mit sich und dem anderen versöhnt lebt, lebt ausgeglichener. Wer mit sich und dem anderen versöhnt lebt, führt weniger grüblerische Selbstgespräche. Er vermeidet Hassgefühle und Feindseligkeit. Er geht einem erhöhten Krankheitsrisiko aus dem Weg. Er steht weniger unter Stress und schleppt keine Rachegedanken, Ärger und zerstörerischen Seelenmüll mit sich herum.

Baustein Nr. 15:
Beide leben von der Vergebung

Vergeben können ist die wichtigste Herausforderung, um eine glückliche Ehe zu schaffen. Der Dichter und Schriftsteller Manfred Hausmann schrieb: »Liebende leben von der Vergebung. Wer nicht vergeben kann, darf nicht heiraten.«

Wer nicht vergeben kann, zerstört die Liebe.

Wer nicht vergeben kann, ist nicht beziehungsfähig.

Wer nicht vergeben kann, ist nicht partnerschaftsfähig.

Ohne Vergebung ist kein Friede im Organismus, in den Beziehungen und im Leben mit Gott. Vergebung befreit von Missverständnissen, von Kränkungen und Verletzungen, von Bitterkeit, Wut und Zorn.

Diese Verhaltensmuster sind einfach menschlich und kommen deshalb in allen Beziehungen vor. Vergebung bewahrt vor Nachtragen und vor dem »Sammeln von Rabattmarken«. Vergebung befreit von Ressentiments – also von wieder erlebten, schmerzlichen Gefühlen, von Groll, ohnmächtiger Wut und Bitterkeit.

Wer vergeben kann, befreit sich von Rachegefühlen und schafft Frieden im Innern, in den Gliedern und Organen, und in den Beziehungen zum Partner und zu Gott.

Vergebung ist ein Prozess.

Sie braucht Heilungszeit. Alte Wunden müssen ausheilen. Tief sitzende Kränkungen müssen allmählich ausgeschwemmt werden.

Verletzende Gefühle müssen überwunden werden.

Die Vergebung ermöglicht einen Neuanfang. Sie lässt das verblassende Eheglück wieder erstrahlen.

Selbsterforschungsfragebogen
Unterschiedliche Reaktionen von Frauen und Männern

	stimmt nicht	stimmt etwas	stimmt voll
Männer mit Problemen ziehen sich zurück oder gehen allein spazieren.	❑	❑	❑
Frauen mit Problemen wollen mit jemandem darüber reden.	❑	❑	❑
Männer fühlen sich häufig angegriffen, wenn Frauen über ihre Probleme sprechen.	❑	❑	❑
Frauen wollen nicht ihren Partner anklagen, sondern ihren Gefühlen freien Lauf lassen.	❑	❑	❑
Männer werden ungeduldig, wenn Frauen detailliert berichten. Sie glauben, Frauen suchten Lösungen.	❑	❑	❑
Frauen schildern darum so vielschichtig, weil sie Verständnis und einen guten Zuhörer erwarten.	❑	❑	❑
Männer erleben Frauen als streitsüchtig, wenn sie in Einzelheiten emotionale Probleme ansprechen.	❑	❑	❑
Frauen fühlen sich wohl, wenn sie deutlich ihre Eindrücke schildern können.	❑	❑	❑
Männer fühlen sich motiviert, wenn sie spüren, dass sie gebraucht werden.	❑	❑	❑
Frauen fühlen sich wohl, wenn sie liebevoll behandelt werden.	❑	❑	❑

	stimmt nicht	stimmt etwas	stimmt voll
Männer wollen Frauen glücklich machen. Sie gehen arbeiten.	❑	❑	❑
Frauen sind glücklich, wenn ihre Bedürfnisse erfüllt werden.	❑	❑	❑
Frauen sind abgespannt und erschöpft, sie suchen Mitgefühl und Wertschätzung.	❑	❑	❑
Männer haben Angst, nicht zu genügen und den Ansprüchen ihrer Frau nicht nachzukommen.	❑	❑	❑
Frauen haben Angst, zurückgestoßen zu werden und nicht genügend Aufmerksamkeit zu erhalten.	❑	❑	❑
Männer wissen in der Regel genau, was sie sagen wollen. Sie haben alles in Gedanken programmiert.	❑	❑	❑
Frauen wissen häufig nicht, was sie genau wollen. Sie klären im Gespräch.	❑	❑	❑
Männer, die schweigen, sind nicht weggetreten, sie suchen nach gültigen und guten Antworten.	❑	❑	❑
Frauen deuten das Schweigen der Männer falsch. Frauen fühlen sich übergangen und nicht geliebt.	❑	❑	❑
Männer, die auf Fragen nur kurze Antworten geben, wollen in Ruhe gelassen werden.	❑	❑	❑
Frauen haben das Gefühl, Männer wollen ihnen ihre Gefühle verheimlichen. Sie bohren nach.	❑	❑	❑
Männer wollen für sich klären, Frauen wollen gemeinsam klären.	❑	❑	❑

	stimmt nicht	stimmt etwas	stimmt voll
Männer zeigen Frauen ihre Liebe, indem sie sich keine Sorgen machen.	❑	❑	❑
Frauen zeigen Männern ihre Liebe, indem sie ihnen alle kleinen und großen Sorgen anvertrauen.	❑	❑	❑
Männer wollen, dass man ihnen vertraut.	❑	❑	❑
Frauen wollen, dass man sie umsorgt.	❑	❑	❑
Männer glauben, Frauen vertrauen ihnen Probleme an, um sie mitverantwortlich zu machen.	❑	❑	❑
Frauen wollen Ärgernisse und Erlebnisse ihrem liebsten Menschen mitteilen.	❑	❑	❑
Männer brauchen das Gefühl, dass ihre Distanz respektiert wird.	❑	❑	❑
Frauen wollen häufig eine enge Beziehung, sie »fressen« ihren Mann auf und stoßen ihn damit ab.	❑	❑	❑
Frauen zweifeln an der Liebe ihres Mannes, wenn er zu viel Distanz benötigt.	❑	❑	❑
Männer brauchen Distanz und Rückzug, sonst werden sie launisch und aggressiv.	❑	❑	❑
Frauen haben das Gefühl, sie müssten alles mit ihrem Mann gemeinsam unternehmen.	❑	❑	❑

Hinweise für den Selbsterforschungsfragebogen

Im Fragebogen werden häufig auftauchende Unterschiede zwischen Frauen und Männern benannt. Die Reaktionen sind bei allen Betroffenen unterschiedlich.

- Frauen kreuzen bitte die Aussagen über Frauen an, Männer kreuzen die Aussagen über Männer an.

- Hilfreich kann es auch sein, dass Frauen und Männer die Aussagen ihres Gegenübers anstreichen und sich darüber austauschen.

- Welche Einstellungs- und Verhaltensmuster sind für Sie stimmig?

- Welche Einstellungsmuster erlebt Ihr Partner als störend?

- Welche Einstellungsmuster erleben Sie beim Partner als störend?

- Können Sie Interaktionsmuster benennen, die sich in Ihrer Beziehung als belastend herausgestellt haben?

- Welches Umgangsmuster erleben Sie als besonders störend? Sind Sie bereit, es in Arbeit oder ins Gebet zu nehmen?

NACHWORT

Frauen und Männer sind unterschiedlich.
Gott hat diese Abweichungen gewollt.
Weil sie zum Schöpfungsplan Gottes gehören, können Frauen und Männer auch damit umgehen.
Sie finden in der Ehe Gemeinsamkeiten – wenn sie wollen.
Sie finden Lösungen, wenn sie aufeinander zugehen.
Sie finden gangbare Wege, wenn beide Kompromisse schließen.

Die Hälfte aller Paare weltweit hat bewiesen, dass sie konstruktive Umgangsmuster kennen, die Harmonie und Glück garantieren.
Einlenken statt ausrasten.
Reden statt schweigen.
Einrenken statt ausflippen.
Beten statt resignieren.
Solche Alternativlösungen sind sinnvoller als egoistische Standpunkte.

Wer Frieden will, wird den Krieg vermeiden.
Wer Gemeinsamkeiten will, lehnt den Machtkampf ab.
Wer liebt, findet gangbare Wege zum Herzen des Partners.

Quellen

Kapitel 1:
Gegensätze oder Ergänzungen?

[1] Allan u. Barbara Pease: Warum Männer nicht zuhören und Frauen nicht einparken können. Ullstein Verlag München 2003, 24. Auflage, S. 20

[2] Allan u. Barbara Pease, a. a. O., S. 384

[3] Bill u. Pam Farrell: Männer sind wie Waffeln – Frauen sind wie Spaghetti. Brockhaus Verlag, Wuppertal 2003, S. 184

[4] John Gray: Männer sind anders, Frauen auch.
Goldmann Verlag, München 1993, S. 50f.

[5] Adolf Schlatter: Die Evangelien nach Markus und Lukas. Evangelische Verlagsanstalt Berlin 1961 (41.- 45. tausend), S. 273

Kapitel 3:
Nähe und Distanz in der Partnerschaft

[1] Manfred Hassebrauck / Beate Küpper: XX –XY, Warum wir aufeinander fliegen. Rowohlt Verlag, Reinbek b. Hamburg 2002, S. 127ff.

Kapitel 6:
Acht Einstellungsmuster für harmonische Beziehungen

[1] Michael Lukas Moeller: Die Wahrheit beginnt zu zweit. Rowohlt Verlag Reinbek b. Hamburg 1992, S. 14

[2] Michael Lukas Moeller, a.a.O., S. 18

[3] John M. Gottman: Die 7 Geheimnisse der glücklichen Ehe.
Marion von Schröder Verlag (im Ullstein, List und Econ Verlag) München 2000, S. 287f.

Kapitel 7:
Die vier Säulen einer guten Beziehung

[1] Manfred Hassebrauck / Beate Küpper, a. a. O., S. 150ff.

Kapitel 8:
Wie unterschiedliche Paare sich verstehen

[1] Allan u. Barbara Pease, a. a. O.

[2] Bill u. Pam Farrell, a. a.O., S. 32

[3] John M. Gottman, a.a. O., S. 11f.

[4] Anselm Grün, Fünfzig Engel für das Jahr, Herder Verlag, Freiburg 1999, S. 16

Reinhold Ruthe

Glück

Tb., 80 S., Nr. 393.734, 3-7751-3734-3

Die Sehnsüchte des Menschen kreisen um Glück und Glücklichsein. Was verstehen wir unter Glück? Was ist die Voraussetzung, um glücklich zu werden? Auf diese und weitere Fragen gibt das Buch – es ist kein Rezeptbuch zum Glück – eine Antwort. Lassen Sie sich überraschen und Sie werden sehen, was Glück mit Vertrauen, Glauben und dem Sinn des Lebens zu tun hat!

Reinhold Ruthe

Gewissen

Tb., 128 S., Nr. 393.849, 3-7751-3849-8

Das Gewissen ist eine Realität. Aber der Begriff ist unklar und umstritten. – Ist es der »Innere Gerichtshof« oder ist es die Stimme der jeweiligen Gesellschaft? – Oder ist es vielleicht die Stimme Gottes? – Und müssen wir dieser Stimme folgen?
Nichts ist so veränderlich wie das Gewissen – und es redet bei jedem Menschen anders. Gut und Böse werden in unterschiedlicher Sprache zu Gehör gebracht. Für die Christen gilt: Nicht das Gewissen ist die letzte Instanz, sondern der lebendige Gott.
In seiner treffenden und prägnanten Art gibt Reinhold Ruthe Antworten auf häufig gestellte Fragen, die unser Gewissen betreffen.

Bitte fragen Sie in Ihrer Buchhandlung nach diesen Titeln!
Oder schreiben Sie an den Hänssler Verlag, D-71087 Holzgerlingen.